羌族地区山川壮丽，物产丰富。农作物以玉米为主，兼有青稞、小麦、土豆、各种豆类和蔬菜。“雪山大豆”是本地著名特产。经济林木有花椒、茶树、核桃、漆树和各种果树。花椒、核桃、茶叶、生漆、苹果、樱桃、李子均有大宗出产，且久负盛名。

走近中国少数民族丛书

主 编/丹珠昂奔

羌 族

Qiangzu

雍继荣 罗吉华 周发成 著

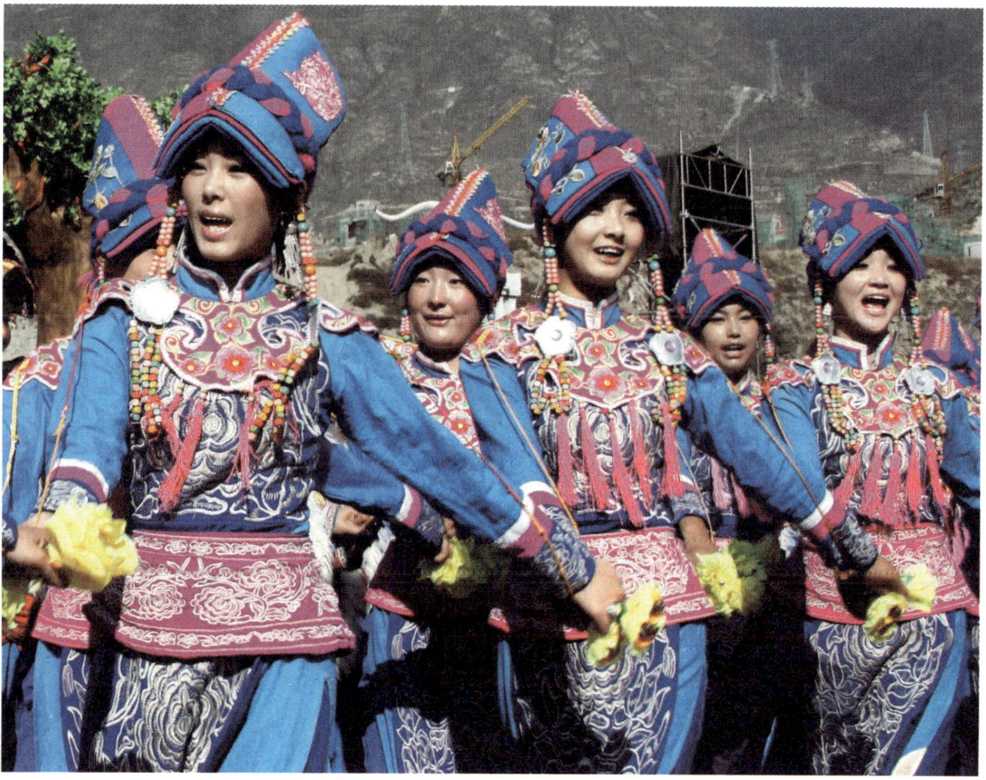

辽宁民族出版社

图书在版编目（CIP）数据

羌族 / 雍继荣，罗吉华，周发成著. —沈阳：辽宁民族出版社，2014. 12（2020.5重印）

（走近中国少数民族丛书 / 丹珠昂奔主编）

ISBN 978-7-5497-0927-4

Ⅰ. ①羌… Ⅱ. ①雍… ②罗… ③周… Ⅲ. ①羌族—民族历史—中国 ②羌族—民族文化—中国 Ⅳ. ①K287.4

中国版本图书馆CIP数据核字（2014）第310754号

走近中国少数民族丛书・羌族

ZOUJIN ZHONGGUO SHAOSHU MINZU CONGSHU · QIANGZU

丛书策划 / 李凤山

出版发行者：辽宁民族出版社
地　　址：沈阳市和平区十一纬路25号　邮编：110003
印 刷 者：河北锐文印刷有限公司
幅面尺寸：170mm×240mm
印　　张：13.25
字　　数：190千字
出版时间：2014年12月第1版
印刷时间：2020年5月第2次印刷
责任编辑：李凤山　吴昕阳　金顺玉
封面设计：杜　江
责任印制：杨　雪
责任校对：边京爱

标准书号：ISBN 978-7-5497-0927-4
定　　价：38.00元

网　　址：www.lnmzcbs.com　　邮购热线：024-23284335
淘宝网店：http：// lnmz2013.taobao.com
如有印装质量问题，请与出版社联系调换　联系电话：024-23284340

《走近中国少数民族丛书》作者名录

《蒙古族》 萨仁图娅（蒙古族）
《回族》 许宪隆（回族） 张龙（汉族）
《藏族》 丹珠昂奔（藏族）
《维吾尔族》 艾克拜尔·吾拉木（维吾尔族）
买力克·买买提（维吾尔族）
伊利迪尔（维吾尔族）
《苗族》 石莉芸（苗族） 李云兵（苗族）
《彝族》 陈国光（彝族）
《壮族》 黄佩华（壮族）
《布依族》 周国炎（布依族）
《朝鲜族》 黄有福（朝鲜族）
《满族》 于今（满族）
《侗族》 杨筑慧（侗族）
《瑶族》 玉时阶（壮族）
《白族》 董建中（白族）
《土家族》 罗中（土家族） 罗午（土家族）
《哈尼族》 朱志民（哈尼族） 李泽然（哈尼族）
《哈萨克族》 艾克拜尔·米吉提（哈萨克族）
伊拉达·拉音别克（哈萨克族）
《傣族》 赵瑛（傣族）
《黎族》 罗文雄（黎族）
《傈僳族》 鲁建彪（傈僳族） 欧光明（傈僳族）
《佤族》 郭锐（佤族）
《畲族》 钟亮（畲族）
《台湾少数民族》 林华（台湾少数民族）
《拉祜族》 苏翠薇（拉祜族）
《水族》 韦学纯（水族）
《东乡族》 马兆熙（东乡族） 马自祥（东乡族）
《纳西族》 白庚胜（纳西族） 孙淑玲（汉族）
白羲（纳西族）
《景颇族》 金黎燕（景颇族）
《柯尔克孜族》 阿地里·居玛吐尔地（柯尔克孜族）
《土族》 祁进玉（土族） 东永学（土族）
《达斡尔族》 毅松（达斡尔族）
《仫佬族》 黎学锐（仫佬族） 黎炼（仫佬族）
《羌族》 雍继荣（羌族） 罗吉华（羌族）
周发成（羌族）
《布朗族》 陶玉明（布朗族）
《撒拉族》 马成俊（撒拉族） 马建新（撒拉族）
《毛南族》 韩德明（汉族）
《仡佬族》 周小艺（仡佬族）
《锡伯族》 阿苏（锡伯族） 盛丰田（锡伯族）
何荣伟（锡伯族）
《阿昌族》 们发延（阿昌族） 张斯齐（蒙古族）
《普米族》 朱凌飞（汉族） 杨周明（普米族）
《塔吉克族》 西仁·库尔班（塔吉克族）
阿力木江·西仁（塔吉克族）
《怒族》 李月英（傈僳族） 张芮婕（傈僳族）
《乌孜别克族》 古丽巴努木·克拜吐里（维吾尔族）
《俄罗斯族》 乃珂热曼·依布拉音（塔吉克族）
《鄂温克族》 黄任远（汉族） 那晓波（鄂温克族）
《德昂族》 袁丽华（汉族） 王燕（汉族）
《保安族》 马少青（保安族）
《裕固族》 董潇红（裕固族） 王政德（藏族）
《京族》 吕俊彪（汉族）
《塔塔尔族》 卡米力·库尔马尤夫（塔塔尔族）
《独龙族》 李金明（独龙族）
《鄂伦春族》 王为华（汉族）
《赫哲族》 黄任远（汉族）
《门巴族》 陈立明（汉族） 张媛（汉族）
《珞巴族》 陈立明（汉族） 李锦萍（汉族）
《基诺族》 朱映占（汉族）

总序

中国是一个统一的多民族国家。几千年来，有着悠久历史和灿烂文化的少数民族，与汉族一道，在中华大地上繁衍生息，共同开发着这块土地，建设、发展、捍卫着这个古老而伟大的国家。各民族都是兄弟，相互离不开，都是这个国家的主人。习近平总书记在第二次中央新疆工作座谈会上发表重要讲话，指出："要坚定不移坚持党的民族政策、坚持民族区域自治制度。民族团结是各族人民的生命线。要高举各民族大团结的旗帜，在各民族中牢固树立国家意识、公民意识、中华民族共同体意识，最大限度团结依靠各族群众，使每个民族、每个公民都为实现中华民族伟大复兴的中国梦贡献力量，共享祖国繁荣发展的成果。各民族要相互了解、相互尊重、相互包容、相互欣赏、相互学习、相互帮助，像石榴籽那样紧紧抱在一起。""要在各族群众中牢固树立正确的祖国观、民族观，弘扬社会主义核心价值体系和社会主义核心价值观，增强各族群众对伟大祖国的认同、对中华民族的认同、对中华文化的认同、对中国特色社会主义道路的认同。"因此，坚持平等、团结、互助、和谐的社会主义民族关系，不断增进了解，深化友谊，建立牢不可破的感情基础，是中国社会转型期、改革攻坚期、矛盾多发期保持社会稳定、发展的基本要求，也是实现中华民族伟大复兴的中国梦的基本要求。

为了进一步宣传我国少数民族的历史文化和民族风情，增强对少数民族的认识，宣传党的民族政策和方针，加深对党的民族政策的理解，加强各民族之间的了解与沟通，让读者了解少数民族，中华人民共和国国家民族事务委员会文化宣传司和辽宁民族出版社共同组织了《走近中国少数民族丛书》。

《走近中国少数民族丛书》的编写有以下三个特点：第一，采用图文并茂的形式、鲜活生动的语言、特色浓郁的图片与丰富的民族常识链接，向读者展示我国55个少数民族的历史渊源、民族变迁、社会生活、文化艺术、风俗习惯、历史人物和民族区域自治政策的伟大实践。第二，作者多为本民族的专家学者和与民族研究工作相关的专家学者，对自己撰述的对象既有深厚的知识积累，也有真挚的情感。第三，内容彰显了历史与现实、民族文化与地域文化、民族区域自治地方与散杂居地区少数民族生产生活的多彩画卷和轨迹，引导读者走近少数民族，聆听他们的古老传说，感受他们的发展变化，加深彼此的沟通和了解。这套《走近中国少数民族丛书》是面向民族干部和各级干部通览我国少数民族概况的普及读本，也是图书馆的必备藏书。

《走近中国少数民族丛书》所揭示的每一个民族的历史，都承载着这个民族的文化，也承载着这个民族的发展和未来。中华大地孕育的55个少数民族多彩斑斓的民族文化，同汉族文化一道从远古走到今天，汇入了中华文化壮阔的历史长河。“共同团结奋斗，共同繁荣发展”，保护、传承和弘扬少数民族优秀文化，不仅是推动我国民族团结进步事业的重要内容，也是构建和谐社会、实现中华民族伟大复兴的中国梦的重要使命。期待通过《走近中国少数民族丛书》，使广大读者徜徉于少数民族多彩风情的同时，更加深刻地了解和认知中华民族多元一体的文化内涵，感受中华民族悠久历史的深远与厚重。

丹珠昂奔

2014年6月26日

前言

羌族 感受一个古老民族的传奇

羌族，一个从远古走来的民族。她伴随着中华民族的形成与发展。

羌族，一个古代中华西部大族。她壮大了中华文明的薪火，曾以“西羌”之名与南蛮、北狄、东夷并称为中华“四方之民”。

羌族，一个曾不断为他民族输血，从而壮大了其他兄弟民族的民族；同时，她也不断得到他民族文化的滋养，丰富发展了自己多姿多彩的民族文化。

走近羌族，感受一个古老民族的传奇。

羌族曾广泛分布于中国西部。传说羌人“炎帝”部落较早进入黄河中下游地区，成为中原农业文明的先驱。中国第一个王朝——夏，也是以羌人为主体并与唐虞两个联盟部落在黄河流域完成的统一大国。进入中原的羌人炎帝族群，与中原其他族群融合，共同形成了汉族的前身——“华夏族”。中原羌文化成为“华夏文化”的一部分。

而留居于西部地区的羌人，仍保存其传统文化。“所居无常，依随水草，地少五谷，以产牧为业。”（《后汉书·西羌传》）因其畜牧业发达，以“牧羊人”著称于世。据汉文献所载，其分布区域北达今新疆、内蒙古，南到四川、云南。羌人在这片广阔的高原、山地间放牧牛羊，从事山地农业生产，丰富和发展其传统文化，为祖国西部地区的开发和进步做出了特殊的贡献。在以后长期的历史进程中，羌人若干分支由于诸种条件和因素，逐步发展演变为汉藏语系藏缅语族中的各民族。先后进入中原地区建立“后秦”“西夏”政权的羌人也渐次融合于汉族等民族中。

春秋战国时期，以河湟为中心的西北羌人南迁，成为今天岷江上游羌族的重要来源之一。但是，考古文化与文献记载表明，他们绝非首先进入该地区发展的拓荒者。2000年，考古工作者在茂县营盘山发现了距今6 000年前的新石器时代大型中心聚落遗址，先民们较为突出的原始经济和丰富多样的物质与精神生活，令人惊叹。同时，其文化面貌与西北羌族考古文化的联系，极具启发意义。史籍记载表明，今羌族地区，原本也是炎黄族群原始聚居地之一。传说黄帝生二子，“其后皆有天下：其一曰玄嚣，是为青阳，青阳降居江水；其二曰昌意，降居若水。昌意娶蜀山氏女”（《史记·五帝本纪》）。江水，系指岷江上游；若水，即今雅砻江。该区域正是古代氐羌发祥地。昌意的后裔鲧禹，相传也是出生在岷、涪江上游地区，正所谓“禹兴于西羌”。岷、涪江上游地区还是同为氐羌系统的“蜀”族最早的活动区域。在鱼凫时代，蜀族逐渐东向成都平原发展，其活动中心才渐至东移。

自春秋战国至西汉末年，包括岷江上游在内的川西广大地区，存在一种“石棺葬文化”。以时空对照的方法来看，岷江上游“石棺葬文化”的主人就是司马迁称为“冉駹”的族群，他们是奠定今天羌族族源的基础，之后白马羌、牦牛羌、白狗羌、邓至羌、党项羌也都先后到达过岷江上游，共同成为今天羌族的来源。

秦灭巴蜀后，于今羌族地区置“湔氐道”。此后，历朝中央政府在羌区建制管理。唐宋以后，中原王朝进一步深化了对羌族地区的管理。明代推行土司制度，清代实行改土归流。1935年中国工农红军长征经过羌族地区时，曾成立北川、茂县、汶川、理县苏维埃政府。1950年，羌族地区迎来了解放，从此，羌族人民走上了社会主义道路，展开了民族平等团结、互助进步的新篇章。1958年成立茂汶羌族自治县。1987年阿坝藏族自治州更名为阿坝藏族羌族自治州，茂汶羌族自治县更名为茂县。2003年成立北川羌族自治县。

如今羌族聚居的地区处于青藏高原向四川盆地过渡的高山峡谷地带。这里重峦叠嶂，群峰争雄，历史上素有“万山环绕”之称。岷山、龙门山、邛崃山三大山脉纵横其境，主要山峰有九顶山、雪隆包山、千佛山等。其中九顶山海拔4 982米，山顶终年积雪。当旭日东升时，蓝天下冰峰与朝霞相辉映，蔚为壮观，素有“九顶朝阳”的美名，成为羌区胜景之一。

羌区河流纵横，水量丰沛，由于落差大，蕴藏着丰富的水力资源。主要河流有岷江及其支流黑水河、杂谷脑河，湔江及其支流土门河、青片河、白草河，分属于岷江和涪江两大水系。境内山河相间，山高谷深，地势西北高东南低。谷底海拔在800~2 500米，山岭海拔则多在3 500米以上。岷江、湔江及其支流沿河岸边，有一些小型冲积平原，山腰地势比较平缓，有层层台地。在这些地方，气候温和，土质肥沃，适宜种植农作物，是羌族地区主要的农产区。在半高山的向阳坡地上有着天然草场，特别是夏秋季节，水草丰茂，温暖如春，是放牧牛羊的好地方。

羌区属于季风气候，但因受西北高原和高山峡谷地形的影响，呈现出多样化的特点，是较典型的立体气候。一般来说，海拔在2 500米以下的河谷地带，气候温暖，年平均气温在11.5℃~12.8℃之间，雨量偏少，无霜期182~230天，适宜发展农牧业和经济林果业。海拔在2 500~4 000米的坡谷地带，气候属寒温带，年平均气温在1℃~5℃，降雨量较河谷为多，是暗针叶林和针阔叶混交林以及珍稀动植物生长繁衍的地区。4 000米以上的山岭地带则只有高山草甸，终年寒冷，年积雪期在半年以上。

羌区山川壮丽，物产丰富。农作物以玉米为主，兼有青稞、小麦、土豆、各种豆类和蔬菜。经济林木有花椒、茶树、核桃、漆树和各种果树。饲养的牲畜有黄牛、牦牛、犏牛、马、骡、羊、猪等。盛产中药材，其中虫草、麝香、贝母等名贵药材，远销国内外。森林资源丰富，深山密林中栖息着熊猫、金丝猴、麋鹿、飞狐、云豹等珍稀动物。境内有国家“卧龙自然保护区”“小寨子沟自然保护区”等。

历经数千年历史演变和文化传承发展，羌族文化具有渊深古朴、兼容并蓄、丰富多样的特征，蕴含着坚韧顽强、乐观向上、团结进取的民族精神，是中华文化一体多元的重要组成部分。高山峡谷间险峻的索桥、栈道，是沟通南北文化的重要交通设施，述说着商旅贸易、文化交流的久远盛事。雄伟坚固的羌寨、碉楼，护佑着羌族人民的生存和发展，是羌族建筑艺术的杰出代表。开山耕种，狩猎养畜，织绣衣衫，诸多生产生活活动，凝结着羌族人民的生存智慧和对美好生活的不懈追求。古老的羌语和释比文化，传承着祖先的故事和丰厚的知识。多样的文学艺术、音乐舞蹈，丰富着人们的精神生活。

发生在2008年的“5·12”特大地震，对羌族地区经济社会和羌族文化造成了毁灭性打击。重铸羌魂，迫在眉睫。灾区同胞和羌族文化的命运，得到党中央、国务院和各级政府的高度重视和亲切关怀，得到全社会的深情关注。如今，曾经山河破碎的羌族地区涅槃新生，展现出蓄势跨越的蓬勃生机！

目录

中国汶
2014年大禹祭祀典礼

第一章
羌源脉远

羌族源于古羌。古羌人在历史上是一个人数众多、分布广泛、影响深远的群体，不仅是华夏族的重要组成部分之一，也是中国历史上第一个王朝——夏朝的主要缔造者，而且现代的羌、藏、彝、纳西等藏羌彝走廊的数十个民族，也都与古羌人有着莫大的渊源。

茂县营盘山遗址出土的彩陶耳瓶

羌族自称“尔玛”或“阿尔麦”“日麦”，意为天人。如今的羌族主要聚居于四川的岷江流域和涪江流域，分布在四川省阿坝藏族羌族自治州的茂县、汶川、理县、松潘、黑水等县以及绵阳市的北川羌族自治县，其余散居于四川省甘孜藏族自治州的丹巴县、绵阳市的平武县，贵州省铜仁地区的江口县和石阡县以及陕西省的宁强县、凤县，甘肃省的文县等地。据2010年全国人口普查数据，羌族人口有30.96万。

彩陶绽放

1979年，在茂县深山河谷的一块台地上，一群锄地的村民意外地发现了一堆造型不寻常的石片。当时的他们没有想到，正是这堆石片揭开了一个惊人的秘密。这里后来被称为营盘山遗址，被誉为迄今岷江上游地区发现的地方文化类型遗址中面积最大、发现遗存最丰富的遗址，代表了5000年前藏羌彝走廊地区文化发展的最高水准。

如今羌族聚居的地区，很早就有人类栖息繁衍。20世纪50年代以来，考古学家陆续在岷江上游和杂谷脑河沿岸的汶川县威州

茂县营盘山古人类文化遗址

姜维城、理县箭山寨等地发现了新石器时代文化遗址。尤其是2000年开始发掘的营盘山遗址，揭示了先民们如何在岷江上游地区劳作、生活以及迁移的足迹。

在遗址里，出土了大量的石器、玉器、骨器以及房屋建筑、石棺葬、灰坑等遗迹，其中彩陶器数量为四川之最，让人惊奇的是，这些陶器，从纹饰、陶质、陶色及其器形上均与远在千里之外的马家窑文化类型相同或相似。

这让我们不得不将目光转移至黄河上游的甘青地区。黄河，羌语称为“尔玛祖”，意为羌人河，至今在广袤的黄河中上游地区遗留下许多“尔玛”“玛”的地名为佐证。甘青地区正是羌人先民聚居的中心地区，20世纪50年代以来已在当地发现大量新石器时代文化遗址。马家窑文化，因最早发现位于甘肃省临洮县马家窑村的马家窑遗址而得名，年代距今6000~4000年，以彩陶器为代表，其器型丰富多姿，图案极富变化和绚丽多彩，是世界彩陶发展史上无与伦比的奇观。举世瞩目的舞蹈纹彩陶盆、裸体人像彩陶壶等就是马家窑文化彩陶中的极品。岷江上游地区遗址大约相当于马家窑文化马家窑类型的中后期，这里出土的彩陶，其工艺也已达到了相当的水平。质地以细泥红陶为主的陶器，烧制

青海同德县宗日遗址出土的马家窑文化彩陶舞蹈纹盆

知识链接 岷江上游新石器时代遗址出土的陶器与甘青地区的相似和共同因素表现为：制作方法均采用泥条盘筑和捏塑法，彩陶的彩绘主要是黑彩，器物有内彩，花纹的风格一致，夹砂陶多夹粗大的片岩颗粒和白色石英砂颗粒，陶胎较厚，纹饰以绳纹和附加堆纹为最多，绳纹多斜行和交错的棱格纹，口沿多绳压花边装饰和锯齿波浪口，附加堆纹比较有特征的是口沿下一圈做裙边装饰以及腹部几周做箍带状。器物群彩陶有罐、瓶、壶、盆、钵等，泥质陶常见有盆、钵、瓶等，夹砂陶多见敛口深腹罐、侈口束颈深腹罐等。

营盘山遗址出土的彩陶器种类众多，数量为四川之最，质地以细泥红陶为主，有的还施以一层白色的陶衣。在众多出土陶器中，一件制作简易的陶塑人头像被确认为目前四川地区考古发现年代最早的陶质雕塑作品，堪称四川雕塑艺术的源头。

营盘山遗址出土的陶塑人头像

温度可达到1 000℃，扣之有清脆的响声。陶器制作主要以手制为主，甚至有少量的慢轮制作。

这样的发现，为探讨岷江上游古文化的渊源提供了线索。在远古时代，文化的传播往往是随着人类群体的迁徙完成的。岷江上游新石器时代文化表现出与黄河上游甘青地区史前文化的一致面貌，正是伴随黄河上游甘青地区史前人群的迁徙、文化南下的结果。

神农化育

历史上因时代、地域的不同，羌人又被称之为“姜”“羌”“氐羌”“羌戎”“西羌”等。“姜”“姜姓”部落集团，是羌人最早进入中原的一个分支。《后汉书·西羌传》载：“西羌之本……姜姓之别也。”即西羌为姜之一种。实际上，“姜”“羌”本是一字，因姓氏称之“姜”，为族名称之“羌”。

▲

传说中上古时期姜姓部落的首领——炎帝

仰韶文化末期（公元前3000年左右），黄河中游出现了炎、黄两大部落。传说姜姓始祖为炎帝，其最初分布于中国西部地区，与黄帝的姬姓部落相邻，活动范围在今青海省的湟水和甘肃省的渭水之间。《国语·晋语》载：“昔少典娶于有蟜氏，生黄帝、炎帝。黄帝以姬水成，炎帝以姜水成。成而异德，故黄帝为姬，炎帝为姜。”《左传·哀公九年》也载：“炎帝为火师，姜姓其后也。”后来炎帝的姜姓部落东向进入中原地区，在今河南及河南、河北、山东交界地区获得了空前发展，成为黄河流域几个著名的部落集团之一，也是羌人进入中原地区的先驱。

进入中原的炎帝族群，逐渐由最早的游牧业转入农业，开始了早期的水利建设和定居农耕生活。炎帝神农氏“斲木为耜，揉木为耒，耒耨之利，以教天下”（《周易·系辞下》），“乃始教民，播五谷”（《淮南子·修务训·尝水草》），农业生产已粗具规模。炎帝之后共工氏“壅防百川，堕高堙庳”（《国语·周语》），积累了丰富的防洪排涝经验。同时，炎帝族群已识药物、音乐，知纺织、制陶。史载：“神农尝百草之滋味，水泉之甘苦，令民知所避就，一日而遇七十毒。”（《淮南子·修务训》）“神农做琴”“神农做瑟”（《风俗通》卷六，《山海经·海内经注》），“神农之世，男耕而食，妇织而衣”（《商君书·画策》），“神农耕而陶”（《太平御览》引《周书佚文》）。这些记录生动地描绘出炎帝族群男耕女织，有琴瑟之音相娱，陶器药物为用的原始农耕生活。炎帝族群的农业生产，升起了古东方农业文明的曙光。

北川羌族民俗博物馆内的炎帝塑像

炎黄族群长期共处，相互依存，在日益密切的交往中结成联盟，逐渐构成了汉族的前身——华夏族的主体。

禹兴西羌

大禹是古史传说记载中黄帝与嫘祖的后裔、上古治水英雄、我国历史上第一个王朝夏朝的奠基人。大禹率领民众治水因势利

“5·12”汶川大地震震后的汶川绵虒禹王宫，建于清道光十一年（1831）

2014年9月6日，四川省汶川县在绵虒镇大禹祭坛举行了“2014年大禹祭祀典礼”

大禹像

导的科学精神、公而忘私的奉献精神、不畏艰难和身先士卒的勇敢精神及其对建立国家和凝聚民族的伟大贡献，成为后世敬仰、历代颂扬的人文典范，被尊为功高盖三皇的伟大“圣王”。

大禹和羌的关系由来已久，史料中多处记载了大禹出生于羌地，如西汉司马迁的《史记·六国年表》说：“禹兴于西羌。”又如汉代赵煜的《吴越春秋·越王无余外传》说：“鲧娶于有莘氏之女，名曰女嬉，年壮为孳，嬉于砥山，得薏苡而吞之，意若为人所惑，因而妊孕，剖胁而产高密。家于西羌，地曰石纽。石纽，在蜀西川也。”西汉扬雄的《蜀记·蜀王本纪》称：“禹本汶山郡

知识链接 在今北川羌族自治县九龙山下的岩壁上刻有巨大的“禹穴”二字，每字高3米、宽2米，笔力雄浑，相传为李白所书。

“禹穴”石刻

广柔县人，生于石纽。”汶山郡是汉武帝元鼎元年（公元前116）所置，广柔县辖境有今羌区茂县、汶川、理县、北川及都江堰部分地区。北魏郦道元的《水经注·沫水》说：“县有石纽乡，禹所生也。今夷人共营之，地方百里，不敢居牧，有罪逃野，捕之者不逼，能藏三年，不为人得，则共原之，言‘大禹之神所佑之’也。”这些史籍中皆认为禹兴西羌，生于石纽。

而羌人则一直将大禹视为民族英雄和民族保护神。在四川省北川县、汶川县、茂县等羌族聚居地有许多关于大禹出生、治水的神话传说，也有如石纽、禹穴、涂禹山、禹碑岭等丰富的禹迹可寻，历代祭祀大禹的禹王庙、禹王宫等广布羌区。根据史书记载、历史遗迹和丰富的民间传说，大禹“兴于西羌”毋庸置疑，羌区是大禹的诞生地。

羌商竞合

甲骨文中的“羌”字

公元前16世纪，商汤灭夏，鼎立中原。关于古代羌人有文字记载始于商代，甲骨文中有大量关于“羌”“羌方”的记载。据《新甲骨文编》统计，现今共发现约44个不同写法的“羌”字（含异体字）。“羌”在甲骨文中是一个象形字，东汉的许慎在《说文·羊部》中，释义为：“羌，西戎牧羊人也。从人，从羊，羊亦声。”可见以前羌是一个以游牧为主的群体，在其畜群中，羊占了很大比重。

商朝建立后不久，羌人便承认了商王朝的宗主地位。《竹书纪年》记有："汤十九年，氐羌来宾。""武丁三十四年，克鬼方，氐羌来降。"《诗经·殷武》记有："昔有成汤，自彼氐羌，莫敢不来享，莫敢不来王，曰商是常。"羌人曾作为夏王朝的主体族群，何以在夏灭亡后即朝商来降？在殷商时期，曾出现连续旱灾，草木枯死，羌人在迁移中常与东部的商人发生资源竞争的矛盾，导致战争。而且商王朝一直将西部的羌人视为其最大的威胁，对羌人的用兵数量和征战规模也远远超过其他方国，羌人战败后即来降。

殷商时期，虽然商作为氐羌宗主国，但此时商与羌的关系是极不稳定的。商王朝作为势力强大的统治者，往往以掠夺者和征服者的形象出现。甲骨卜辞中有许多关于征伐、俘获羌人和以羌人为祭品的记载。商人在俘获羌人后，主要用于祭祀祖宗、上帝、河岳或祈年、禳灾等重要祀典中。用于牺牲的不仅有普通羌人，还有被俘获的羌人酋长，如卜辞中有"亥卜，羌二方白其用于祖丁、父甲"的记载。商代的"属国"的首领就称为"白"。商代甲骨卜辞中，至今已发现人祭卜辞约2 000条，记载"人牲"总数14 000余人，其中近8 000人为"羌"。可见商王朝对于羌人的征服和奴役是非常残酷的。

在商王朝中，也有个别羌人担任了朝廷的官职，如武丁时的祭祀官中，就有羌可、羌立二人，在当时具有很高的地位。

甲骨文中关于伐羌、逐羌、以羌人为牲的记录有着明显的变化，到后期大大减少。商朝末年，商王朝主要是向其东南方征

商祭祀狩猎涂朱牛骨刻辞正面

知识链接 河南安阳出土，高32.2厘米，宽19.8厘米，中国国家博物馆藏。这是商王武丁时期的一块牛胛骨版记事刻辞。此骨正面刻辞四条，背面两条，字内填砂，色彩鲜艳。

战，与羌的关系有所缓和，战争不再频繁，这为羌等西方群体的恢复和发展提供了宝贵的机会。到商纣王时，西部的周方与羌人等联合起来，灭商兴周。

宅兹中国

到商晚期，周人开始强大起来。周人与羌人的关系十分密切。传说周的始祖后稷（弃），是羌人之女姜嫄所生，因而周人奉姜嫄为始祖母，认同羌周同源同种。姜姓，是早已进入中原的较为先进的一支羌人。姜嫄在野外踏了“巨人足迹”，生了一个儿子，以为不祥，曾想丢弃，因而后人将这个孩子称为“弃”。弃好耕农，“帝尧闻之，举弃为农师，天下得其利”。后封于有邰，号后稷，别姓姬氏。周、姜两姓长期结为婚姻联盟，周王多娶姜女为王后，如武王妃名邑姜，成王妃名王姜。姜姓成为周建立社稷、巩固统治的主要依靠力量，所以武王得天下之后，除大封同姓外，异姓中受封最多的要推姜姓了，如姜太公子牙的齐（今山东），是诸侯国中举足轻重的一个大国，此外还有许（今河南许昌、南阳一带）、向（今安徽怀远）、纪（今山东安丘）、鄣（今山东东平）、厉（今湖北随县）等，成为巩固周王朝统治的重要力量。

姜太公像

周羌之间有紧密的军事同盟关系。西周武王十一年，武王亲率虎贲3 000，甲士4.5万并“庸、蜀、羌、髳、微、卢、彭、濮”等八族伐商；纣王自焚，商亡。可见，羌是其中一支重要力量。

这些与周王室关系密切的姜姓羌人，在周代开发四周的同时，逐步融合于华夏人之中。东周时期，以羌人为主体的诸戎，开始大量涌入中原地区，多融于华夏人中。

四向迁徙

春秋时期，秦国向西大举开拓疆土，兼并和征服了西北大量的戎人、羌人。羌人所建的义渠国，地处今甘肃东部、宁夏以及内蒙古河套以南之地，农业已有了一定的发展，由于其领域颇广，力量较强，因而成了秦国西征的主要障碍，两国间不断发生战争。秦国花了两百多年时间，才征服了这些地区的羌人。自秦灭义渠后，中原一带的诸戎，或者外迁，或者被融合了。而河湟地区的羌人，由于地处边远，秦国势力暂时难以到达，仍处于“少五谷，多禽兽，以射猎为事”的状态。

战国时期，活动于湟水流域的一些羌人部落再一次大规模向西部迁徙。羌人的这一次迁徙，与秦的兴起有很大关系。

《后汉书·西羌传》根据传说记载了羌族始祖无弋爰剑的故事：

羌人无弋爰剑者，秦厉公时为秦所拘执，以为奴隶。不知爰剑何戎之别也。后未亡得归，而秦人迫之急，藏于岩穴中得免。羌人云：爰剑初藏穴中，秦人焚之，有景象如虎，为其蔽火，得以不死。既出，又与劓女遇于野，遂成夫妇。女耻其状，被发覆面，羌人因以为俗，遂俱亡入三河间。诸羌见爰剑被焚不死，怪其神，共畏事之，推以为豪，河湟间少五谷，多禽兽，以射猎为事，爰剑教之田畜，遂见敬信，庐落种人依之者日益众。羌人谓奴为无弋，以爰剑尝为奴隶，故因名之。其后世世为豪。

爰剑当秦厉公时（前476—前443），可见他是公元前5世纪的人。故事中说，在战争中，秦厉公俘虏了爰剑。在秦国爰剑学习了中原先进的种植技术。后来，他乘隙逃亡，在秦人追捕时躲入一山洞内。秦人放火焚烧山洞后离去，爰剑却因一虎形物遮挡烈焰而得以幸免。出洞以后，爰剑遇到了一名被割掉鼻子的女人，两人便结为夫妻，共同向西逃亡。这里所说的“三河间”，一般认为是指黄河、湟水和赐支河（即黄河河曲）流域，也就是今青海东部河湟流域，在这里爰剑教羌人种植田地，养殖牲畜，被诸羌推为首领。此后，河湟地区的农牧业生产才有了很大发展。

到无弋爰剑的曾孙忍时，正值秦献公（前384—前362）用兵渭首（今甘肃陇西县境），灭了狄戎等。忍的季父卬害怕秦军威力，便率领部落向西进行了大规模、远距离的迁移，“出赐支河曲西数千里，与众羌绝远，不复交通”，从此与湟中羌断绝了往来。卬所徙之地在今青海西南界或西藏的东北角，这支羌即是后来的发羌、唐牦，成为藏族先民的一个组成部分。还有一部分羌人长途跋涉到了新疆塔里木盆地南沿，成为后来文献上所记载的婼羌的组成部分。此外，还有大量羌人陆续向西南迁移，如到了白龙江流域的武都羌，到了涪江、岷江流域的广汉羌，到了雅砻江流域的越巂羌等等。这些羌人与当地原有的居民共同生活，发展成西南藏缅语族各支系如彝、纳西、白、普米等民族的先民。

至于爰剑的嫡系忍和他的弟弟舞不愿意随迁，便留居湟中（今青海湟水流域）繁衍生息，“多娶妻妇。忍生九子为九种，舞生十七子为十七种，羌之兴盛，从此起矣”。爰剑后五世到研，更为豪强，因而从此就把“研”名作为湟中羌人的种号。

第二章 汇融各族

羌人经过先秦一段很长时间的迁徙分化，进入中原的基本上与华夏族融合，但仍保留着自己的特点；被称为"羌人"的主要集中在河湟、塔里木盆地以南至葱岭西域地区、陇南至川西北一带。其中甘肃、青海地区的羌人人口众多，部落繁杂，如先零、烧当、勒姐、当煎、当阗、封养、累姐、彡姐、离湳、狐奴、乌吾、钟存、巩唐、且冻、傅难等部落。此后，从汉代、魏晋南北朝至隋唐时期，北方的大部分羌人由于战争、自然环境、政治斗争、生存需要等多种因素，或内附于中原王朝，或战败被迫迁移，或四处分散，汇融各族之中。

汉晋内附

秦国统一六国后，秦军北逐匈奴，西驱羌人，但其统治力量并未越过长城而深入河西羌人聚居区。公元前206年西汉王朝建立。汉武帝时，伴随着对匈奴的大规模战争，汉军也在河西、河湟羌人住地拓展。汉武帝元狩二年（前121），汉大将霍去病两次深入河西，大败匈奴，迫使匈奴昆邪王降汉，河西遂入西汉版图。汉在此驻扎军队，先后设武威、酒泉、张掖、敦煌四郡。其后，经过数次战争，汉军逐渐占领青海湖以东的河湟地区。汉王朝为巩固边防，派驻军队大兴屯田，迁徙汉人，汉、羌有了频繁的接触交往。

与此同时，羌人也主动或被动地不断向内地迁徙，从塞外内徙到汉设郡县或属国中，这构成了此时期中国西部民族迁徙的主流。

"汉归义羌长"铜印——藏于中国国家博物馆

汉景帝（前156—前141）时，居住在湟水流域的研种羌豪留何等不堪匈奴贵族的奴役，率领他的部民要求入守陇西塞，"于是徙留何等于狄道、安故，至临洮、氐道、羌道县"，即迁至今甘肃省南部的临洮、岷县、礼县、舟曲一带，与汉人杂居。这是史书第一次明确记载的西羌部落内徙接受汉朝统治的事件，且是主动东迁。

更多的情况是羌人在战争中被迫内迁。如汉宣帝神爵二年（公元前60），赵充国招徕先零、煎巩等羌3.5万余人降汉，迁徙他们至破羌（今青海乐都东）、允街（今甘肃永登南）等县，并设置金城属国来安置部分归降的羌人。东汉建武十一年（35），陇西太守马援将游牧于大榆谷（今青海省贵德县东黄河南岸一带）的先零羌8 000余人迁徙到天水、陇西、扶风三郡，与汉人杂处。此后，凡羌人战败归降者，东汉政府就往往采取内徙的政策，使得羌人遍于西北各郡。至东汉安、顺二帝时，羌人已出现

知识链接 **“汉归义羌长”铜印** 为卧羊钮，印面阴刻篆文“汉归义羌长”5字，为汉朝廷发给羌族首领的官印，其中“归义”是汉朝廷给予其统辖的边远少数民族首领的一种封号。

汉代羌族主要包括分布在今甘肃、四川西部的白马羌、青衣羌和牦牛羌等，分布在河西走廊以南、青海东部的黄河河曲及湟水流域一带的羌族，出于政治、经济、军事等原因内迁金城、陇西、汉阳诸郡的西羌和内迁安定、北地、上郡、西河等郡以至三辅地区的东羌，还有分布在西域南山中的葱茈羌、黄牛羌等。从出土地点判断，此印当是汉朝廷颁发给西域南山某羌族首领的。

“汉归义羌长”铜印，1953年新疆维吾尔自治区沙雅于什格提出土，高3.5厘米，印面每边长2.3厘米

了东羌与西羌的区分。东羌指被内徙的羌人；西羌泛指居于陇西、金城塞外的羌人，亦称塞外羌。

第三种情况是统治政府不断从羌人中征发羌骑、勇士，参与攻击匈奴的战争和其他征战，事后这些羌人常无法返回原籍，被留成边守塞。如明帝永平十六年（公元73），窦固、耿秉等击北匈奴，在凉州各郡征发羌胡兵数万。永元十二年（100），东汉护羌校尉周鲔、金城太守侯霸率诸郡兵及属国、湟中月氏诸胡、陇西劳姐羌，合3万人出击迷唐。很多羌人就是这样一批批地离开原居地，迁徙到边地和内郡。

东汉时期，作为资源有限的游牧民族，羌人部落常常掠夺、攻击汉朝沿边甚至内地郡县，这成为东汉王朝对羌人采取军事防范和打击的一个重要原因。羌人不断遭到杀戮，特别是东汉后期，曾两任护羌校尉的段颎认为羌人屡服屡叛，“难以恩纳”，解决问题的唯一办法就是“长矛挟胁，白刃加颈”。段颎任职不到10年，对羌作战大大小小180次，杀戮38 000余人。东汉一朝对羌人而言，是一个极端痛苦的动荡时期。经历浩劫之后，河湟地区已经不再是羌人活动的中心地区，除大批羌人迁居内地之外，青海地区羌人的活动则主要是在地广人稀的高海拔游牧区。

三国时，北方由于东汉末年的战乱，汉族人口急剧减少，少数民族内徙趋势更成为一种不可逆转的历史潮流。到西晋时，羌人几乎遍布关中。当时内附的羌人，与汉族杂居、通婚、融合，逐渐转向农耕定居。有的尚保留着部落组织，其酋豪受魏晋封号。有的羌人则与汉人同为郡县统辖的编户齐民，按口纳钱粮。但统治者往往将羌人沦为奴隶，任意转贩、凌辱及打杀，并置西戎校尉、护羌校尉、西夷校尉等管理氐、羌、杂胡事务。统治者对内迁诸族的残暴统治，曾引起了羌人的激烈反抗，他们利用各种机会起兵，攻郡掠县，因此更扩大了羌人在内郡的分布地区。

魏晋时期“羌女送行”壁画砖

到西晋末年时，西晋宗室诸王之间相互残杀，统治政权势力衰落，而不断内迁的西境和北境的少数民族如匈奴、鲜卑、羯、氐、羌等的势力却逐渐强大，趁机大举南下，出现了历史上有名的“五胡”入中原。晋室南迁后，北方形成了各族豪帅拥众割据的局面，羌人成为各军事集团争相夺取的武装力量，羌族豪帅亦企图聚众参加混战。无论是公元4世纪初在汉、賨、氐、羌等族流民起义的基础上建立的成汉政权，还是以匈奴刘氏为首建立的汉（前赵）政权，羌人均是一支不可忽视的力量。但当时羌人并没有形成统一的集团势力，只是分别依附于其他势力集团，直至后秦的建立才改变了这种状况。

“晋归义羌王”金印

知识链接 **“晋归义羌王”金印** 晋代文物，出土于甘肃省白银市靖远县大芦乡。现藏于陕西历史博物馆。印通高2.9厘米，印面边长2.4厘米，金质，驼钮，正方形印面，篆书阴文“晋归义羌王”。西晋末年至东晋时期，北方少数民族纷起争雄，部分羌族首领依然认为晋朝是正统，归附晋朝。这枚金印应是晋朝廷颁赐给归顺的羌王印绶。

继立秦国

265年，司马炎逼迫魏元帝曹奂禅位，改国号为晋，即晋武帝。280年，西晋灭孙吴而统一天下，但是和平稳定的局面只维持了短短的十几年。晋惠帝继位后，朝廷渐乱，领有军权的诸王纷纷争权，爆发了“八王之乱”。晋朝元气大伤后，内迁的诸民族乘机举兵，大量百姓与世族开始南渡。316年，西晋灭亡，之后匈奴、羯、鲜卑、氐、羌等纷纷在北方建立起自己的民族政权，形成十六国时期。羌人姚氏建立的后秦（384—417）政权即为十六国之一，建都长安（今陕西西安），极盛时辖有今陕西、甘肃、宁夏及山西、河南的一部分，经历姚苌、姚兴、姚泓三主，共34年。

姚氏是南安（治今甘肃省陇西县东南）赤亭羌人，是汉代甘青烧当羌的后裔，世为豪酋。从烧当至西汉末年的四世孙滇良，皆世居赐支河曲北岸的大允谷（今青海省共和县东南）。东汉初年，击破先零、卑湳二羌，占据大、小榆谷（今青海省黄河南岸贵德县东），兼营牧耕，种植谷、麦、麻等，得以强盛，并不断向东边的金城郡各县以及陇西、汉阳等诸郡迁徙。东汉中元年间（56—57），烧当的七世孙填虞曾被汉杨虚侯马武所败，部分出塞或内迁。填虞的九世孙迁那率部落内附，受汉王朝嘉奖，被封为冠军将军、西羌校尉、归顺王，安置于南安赤亭。迁那的玄孙柯回曾有功于魏，被任为镇西将军、绥戎校尉、西羌都督。柯回的儿子弋仲率部落东徙榆眉（今陕西省千阳县东），自称护西羌校尉、雍州刺史、扶风公，所统领的不仅有羌人，还有汉人和其他族人。弋仲自称是舜的后代，因舜生于姚墟，他的后裔子孙便以地为氏，称为姚氏。故而弋仲改姓姚，称姚弋仲。

姚弋仲率部进入关中后，势力虽有发展，但仍较弱小，因而不得不先后归附于前赵刘曜和后赵石勒。东晋永和七年（351），石氏灭亡，弋仲遣使至东晋，被授予持节、东夷大都督、都督江淮诸军事、车骑大将军、仪同三司、大单于，封高陵郡公。

东晋永和八年（352），姚弋仲病逝，他的第五个儿子姚襄统领其众南下进攻，在返回途中被前秦军所阻，便向东晋请降，被安屯于谯城（今安徽省亳州市谯城区）。后来姚襄与东晋的冲突日益激化。355年，姚襄自称大将军、大单于。在被东晋的征西大将军桓温打败后，姚襄率领部下奔走北山。357年，姚襄在与前秦争夺关中时，兵败于三原（今陕西省三原县东北），被苻坚所杀。他的弟弟姚苌向苻坚投降。

姚苌精通谋略，降于前秦后，苻坚十分器重他。384年，苻坚淝水败后，鲜卑贵族慕容泓乘机起兵，姚苌参与讨伐，战败后逃奔渭北。西州豪族尹详等率胡、汉5万余家，推举姚苌为盟主。姚苌便自称大将军、大单于、万年秦王，大赦境内，年号白雀，封官设治，正式建立政权。后来姚苌率军进屯北地（今陕西耀县），渭北羌胡10万余户归附，势力发展很快。385年，苻坚为慕容冲所逼，逃至五将山，姚苌派人围困并缢杀了苻坚。386年，姚苌在长安（今陕西西安）称帝，改元建初，国号大秦，史称后秦。

草堂寺

知识链接 **草堂寺** 位于陕西省户县圭峰山北麓。后秦国王姚兴崇尚佛教，于弘始三年（401）迎请龟兹高僧鸠摩罗什来长安，住逍遥园西明阁翻译佛典，后在园内建草堂寺，供高僧居住。

壁画：后秦国王姚兴弘扬佛教，遣将迎师

394年，姚苌病死，长子姚兴继位，改元皇初。姚兴率军打败了前秦的残余势力苻登，并迁徙阴密（今甘肃省灵台县西南）3万户入长安。随后又相继攻占东晋的洛阳，臣服西秦，攻灭后凉。姚兴在位期间，内修政事，广招人才，免奴为良，崇尚儒学，弘扬佛教，使后秦统治地区的社会经济有所恢复和发展。

姚兴晚年时，诸子争位，内讧严重。416年，姚兴病死，太子姚泓继位，改元永和。东晋的刘裕率军进攻后秦，收复洛阳。而此时后秦宗室却骨肉相残，自相削弱。417年，刘裕进取潼关，攻占长安，姚泓兵败出降，后秦就此灭亡。

局部一统

姚氏后秦政权之后，南北朝时陇西一带的宕昌羌、邓至羌等相继兴起，建立小政权，成为羌人的政治中心。

南北朝时，宕昌羌分布在洮河以东、白水之北、渭水以南地区，政治中心在宕昌城（今甘肃省宕昌县西），社会组织是一种不稳定的部落联盟，是较晚入迁中原的羌人部落，基本上还处于氏族社会末期、奴隶制初期阶段。

晋永嘉元年（307），吐谷浑向洮河发展，与羌人发生直接冲突，促使羌人部落之间加强联合。至梁懃时，得到羌豪的支持，于是自称为王。北魏太武帝时，宕昌羌开始联系北魏。424年，

古宕昌羌铜印“魏率善羌伯长”，为魏政权颁发给羌族首领之官印

梁勤之孙梁弥忽遣子弥黄请求内附，向太武帝拓跋焘请示承认王位。北魏遣使拜弥忽为宕昌王，宕昌国正式被北魏政权所承认。直到564年宕昌被北周攻灭，共传了9世。

宕昌国力弱小，《北史·宕昌传》记载，国土“自仇池以西，东西千里，席（藉）水以南，南北八百里。地多山阜，人二万余落（户）”。辖区大约包括今临潭、岷县南部至天水西界和武都北界一带。宕昌羌人当时还处于畜牧为主的阶段，虽建立了政权，但社会生活仍以部落组织为基础。宕昌很少向相邻政权发动攻击，也难以抵御其他政权的进攻，常常受到西邻吐谷浑的威胁。470年前后和485年，吐谷浑两次颠覆宕昌政权，都是北魏干涉保护，才免于灭亡。处于各强大政权夹缝中的宕昌，不仅对北朝的北魏、西魏、北周频频进贡，也向南朝的宋、齐、梁不断贡奉。550年，宕昌的獠甘发动叛乱，宕昌王梁弥定投奔西魏，獠甘自立为宕昌王。西魏文帝遣大将军宇文贵等率兵讨伐獠甘，助梁弥定复位。564年（北周保定四年），因弥定与吐谷浑屡扰洮州，北周武帝派大将军田弘反击，进军宕昌，导致宕昌灭亡。此后，宕昌羌人散入吐谷浑和党项羌人中。

宕昌国古城墙遗址

宕昌以南有邓至羌，据《北史·邓至传》所载：“邓至者，白水羌也。世为羌豪，因地名号，自称邓至。其地自亭街以东，平武以西，汶岭以北，宕昌以南，土风习俗，亦与宕昌同。”地域包括今甘肃省文县至四川省松潘县一带，即四川、甘肃之间的白水江及岷江上游，因而邓至羌又名白水羌。邓至城大致在阴平故城（位于今甘肃省文县）西北，相传三国时魏国的名将邓艾曾到此地，故名。

邓至羌与宕昌羌一样，受南北两朝封爵。如北魏孝文帝太和五年（481）邓至王前去朝贡。此外邓至王位的继承亦需得到北魏准许。邓至羌与南朝交往，始于南齐建元元年（479），像舒彭被南齐封为持节平西将军，后又被封为邓至王。西魏恭帝元年（554），由于内乱，邓至王檐衍失国，去了长安，西魏助其回到邓至。之后邓至势力日益衰弱，其地归西魏、北周邓州管辖。宕昌羌人和邓至羌人大多融合于汉人之中。

西夏建国

宕昌羌被北周灭后，至隋唐时期，原宕昌之地又有党项羌人活跃起来。

党项是羌族的一支。唐朝时，生活在青藏高原的党项羌和吐谷浑经常联合起来对抗强大的吐蕃。唐高宗时，吐谷浑被吐蕃所灭，党项羌请求内附，被大唐安置于松州（今四川省阿坝藏族羌族自治州松潘县）。唐开元年间，居于青海东南和甘肃南部的党项羌非常恐惧四处劫杀的吐蕃军队，向唐玄宗求救，被迁至庆州（今甘肃省庆阳市和宁夏回族自治区南部一带）。“安史之乱”后，郭子仪建议唐代宗将当时在庆州的拓跋朝光部迁至银州以北和夏州以东地区（今鄂尔多斯高原南缘），这一地区即是南北朝时匈奴人赫连勃勃的“大夏”旧地，当时称为平夏，所以这部分

松潘古城

党项羌就成为平夏部，即日后西夏皇族的先人。

唐僖宗时，党项部首领拓跋思恭被朝廷封为夏州节度使，因平黄巢起义有功，一度收复长安，被赐姓李，封夏国公。从此拓跋思恭及其李姓后代以夏国公成为当地的藩镇势力。

五代十国时期，不管中原是何人当政，李氏（拓跋氏）皆俯首称臣，换来对该地的统治地位和大量的赏赐。

经过两百多年的发展，平夏部党项羌的势力逐步壮大。但一直以来李氏一族野心并不大，无非是甘愿当一方诸侯，宋太祖虽削夺藩镇兵权，但对西北少数民族依然宽宥。但当夏州节度使李继捧上台后，情况有所变化。

太平兴国七年（982），宋太宗赵炅削藩镇的兵权，把李氏亲族迁至京城，准备根除西北这一盘踞势力。李继捧族弟李继迁却借故逃离，势力渐盛。雍熙二年（985），李继迁会同族弟李继冲诱杀宋将曹光实，并占据银州，攻破会州（甘肃靖远），与宋闹翻；又向辽国“请降”，被契丹人封为夏国王。李继迁多次攻打宋，占领西北多个重镇，后来与吐蕃会盟时，遭吐蕃人暗算射伤，伤重而亡。

▲

西夏宿卫牌

李德明即位后，倾力向河西走廊发展，南击吐蕃，西攻回鹘，拓展党项羌的生存空间。1019年，李德明定都兴州（位于今宁夏回族自治区银川市），而对外仍向宋、辽称臣。

1032年，李德明之子李元昊继夏国公位，开始积极准备脱离宋。他建宫殿，立文武班，规定官民服饰，定兵制，立军名，创造西夏文，颁布秃发令。并派大军攻取吐蕃的瓜州、沙州、肃州三个战略要地，扩大领域。当时，元昊已拥有宁夏北部、甘肃小部、陕西北部、青海东部以及内蒙古部分地区。

知识链接 西夏政府曾设“内宿司”，其职责“统制训练藩卫戍守及侍卫扈从诸事”。“宿卫牌”与另一种“守御牌”相对，内宿卫，外防御，是西夏高级侍卫官所持有的证明身份的腰牌，是军中的信物标识。

1038年，李元昊称帝，建国号大夏。宋廷极为愤怒，双方关系正式破裂。此后数年，元昊相继发动四次大战役，歼灭宋军西北精锐数万人，并在1044年，在河曲之战中击败携十万精锐御驾亲征的辽兴宗。西夏在宋夏战争与辽夏战争中获胜，形成三国鼎立的局面。

夏景宗李元昊去世后，大权掌握在皇帝的太后与母党手中，史称母党专政时期。西夏因为皇党与母党的对峙而内乱，北宋趁机多次攻打。金朝崛起并灭辽、北宋后，西夏臣服金朝，获得不少土地，后来两国建立金夏同盟而大致和平。夏仁宗期间经过一系列改革后，西夏社会一度出现盛世。然而漠北的蒙古崛起，六次入侵西夏后拆散了金夏同盟。西夏内部也多次发生弑君、内乱之事，经济也因战争而趋于崩溃，最终于1227年亡于蒙古。党项羌人四处分散，汇融各族中。

西夏文物灰陶频伽

知识链接 西夏王陵，位于宁夏回族自治区银川市西的贺兰山东麓，是西夏王朝的皇家陵寝，在方圆53平方公里的陵区内，分布着9座帝陵，253座陪葬墓，是中国现存规模最大、地面遗址最完整的帝王陵园之一。1988年被国务院公布为全国重点文物保护单位、国家重点风景名胜区，被世人誉为“神秘的奇迹”“东方金字塔”。

西夏王陵之三号帝陵

第三章
岷涪江流

在漫长的历史发展过程中，由于战争、环境变化等原因羌人不断迁徙，而且各个羌人部落社会经济水平发展不平衡等，曾在历史舞台上显赫一时的古羌人，一部分融入了汉族，一部分发展演变为藏缅语族的多个民族。如今尚有30万余羌人主要聚居于四川西北部的岷江流域和涪江流域，在数千年历史长河中，延续着这一族名，保持着自己的民族文化。

长江上游的岷江、涪江及其支流是羌人的另一条母亲河。岷江发源于四川省阿坝藏族羌族自治州松潘县与九寨沟县交界的岷山山脉弓杠岭南，在都江堰市以上为岷江上游，从北向南纵贯羌区。岷江，羌语称“格斯祖”，意为神河。涪江的支流湔江，是羌人生存的又一重要流域，又称石泉河、北川水，发源于岷山山脉，因“水势如湔沸之状”而得名。而岷山在上古时期最早被称为昆仑，意为玉皇大帝居住的南大门之地。羌人正是在这神圣福地里伴随着永恒的神水，世世代代生息发展。

岷江导江

关于岷、涪二江上游羌族的源流，首先是以土著古羌人为主体，加上南下古羌人及数千年来其他民族移民的后裔，共同形成了多元族源的现代羌民族。早在新石器时代，此地就有羌人居住。而在秦惠文王时期（前337—前311），就在以今松潘为中心的岷江上游及甘南一带置湔氐道，以氐名地，可见此时该地应有不少南下的氐羌人居住。汉初时，这里有“六夷七羌九氐”，以氐羌人的冉駹部落为主。到了东汉时，羌人发生了自北向南，即自西北尤其是甘南一带向今川北和川西北地区的大规模移动。在东汉安帝永初年间，羌人曾发生针对东汉朝廷的大规模叛乱，叛

1917年的岷江

乱被朝廷镇压以后，各羌人部落普遍向南流散，进入位于蜀郡、广汉郡以北的岷江上游及涪江上游一带，并因其处境艰难而屡屡归降内附。

魏晋南北朝时期，陇西一带的宕昌、邓至羌都已拓地岷江上游，与当地原有羌人逐渐融合，成为当今羌族的一个来源。隋唐时河湟一带兴起的党项羌，在隋开皇时就有千余户开始内附，另一部则将势力发展到岷江上游一带。而隋唐时期由于吐蕃王朝向东扩展，河湟一带的羌人相继内迁，其中一部分到了岷江上游，与当地先迁至此的羌人杂处并逐渐融合，这些人逐渐成为岷、涪二江上游羌族地区的主体民族。

1910年北川之湔江

说到岷江上游羌人的来历，在羌族人民中至今还流传着这样的传说：

远古时候，羌人曾有一次大迁徙，其中一支后来定居于岷江上游。此时，羌人的祖先遇到一支戈基人，他们身强力壮，羌人与戈基人作战，屡战屡败，准备弃地远迁，幸而在梦中得到神的启示，才用坚硬的白石和木棍做武器，并在颈上系羊毛线作为标志，终于战胜了戈基人。此后，人民得以安居乐业。羌人为报答神恩，以白石象征至高的天神，这种习俗相传至今。

这段传说，实际透露了羌人历史上迁徙的一段经历。

羌人与“戈基人”战斗

冉駹崛起

冉駹历史悠久，关于其记载最早见于甲骨卜辞中，或单独称“冉”“龙”，或称“冉黾羌”“冉龙羌”，在《史记》中则单称“冉”“駹”，或合称“冉駹”。冉駹的得名，可能与冉山和駹水有关。冉山在今何处已不可考，但唐代于茂州都督府下设的羁縻州中有冉州及冉山县，可知冉山应当在茂州附近。而駹水则是岷江上游湔水的一个支流。关于冉駹是两个部落还是一个整体，尚无定论。根据文献记载，发祥于岷江上游岷山山区的蚕丛氏古蜀人，除一支东进成都平原建立了蜀国外，留居岷山地区的部落在夏商时期建立过冉駹古国，历经周、秦直至西汉时期汉武帝在此地置汶山郡。

汉文史籍中关于冉駹的记载主要见于《史记·西南夷列传》和《后汉书·南蛮西南夷列传》。

《史记·西南夷列传》 对冉駹的记载较为简略：

……自筰以东北，君长以什数，冉駹最大。其俗或土著，或移徙，在蜀之西。自冉駹以东北，君长以什数，白马最大，皆氐类也。

《后汉书·南蛮西南夷列传》则较为详细地记载了冉駹的习俗：

冉駹夷者，武帝所开。元鼎六年，以为汶山郡。至地节三年，夷人以立郡赋重，宣帝乃省并蜀郡为北部都尉。其山有六夷七羌九氐，各有部落。其王侯颇知文书，而法严重。贵妇人，党母族。死则烧其尸。土气多寒，在盛夏冰犹不释，故夷人冬则避寒，入蜀为佣，夏则违暑，反其邑。众皆依山居止，累石为室，高者至十余丈，为邛笼。又土地刚卤，不生谷粟麻菽，唯以麦为资，而宜畜牧。有旄牛，无角，一名童牛，肉重千斤，毛可为毦。出名马。有灵羊，可疗毒。又有食药鹿，鹿麑有胎者，其肠中粪亦疗毒疾。又有五角羊、麝香、轻毛毼鸡、牲牲。其人能作旄毡、班罽、青顿、毞毲、羊羧之属。特多杂药。地有咸土，煮以为盐。麡羊牛马，食之皆肥。

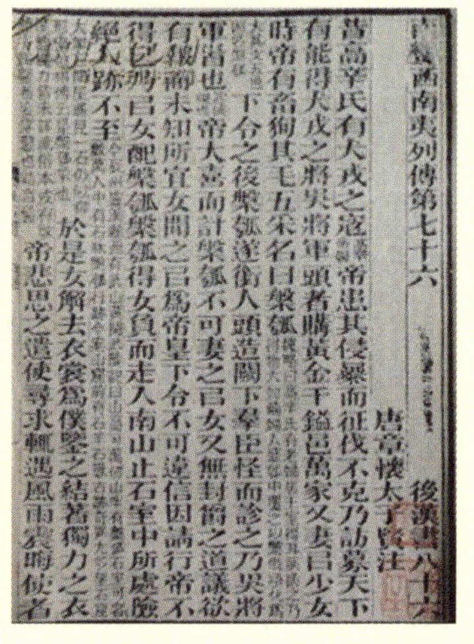
後漢書八十六

南蠻西南夷列傳第七十六

唐章懷太子賢注

昔高辛氏有犬戎之寇帝患其侵暴而征伐不克乃訪募天下有能得犬戎之將吳將軍頭者購黃金千鎰邑萬家又妻以少女時帝有畜狗其毛五采名曰槃瓠下令之後槃瓠遂銜人頭造闕下群臣怪而診之乃吳將軍首也帝大喜而計槃瓠不可妻之以女又無封爵之道議欲有報而未知所宜女聞之以爲帝皇下令不可違信因請行帝不得已乃以女配槃瓠槃瓠得女負而走入南山止石室中所處險絕人跡不至於是女解去衣裳爲僕鑒之結著獨力之衣帝悲思之遣使尋求輒遇風雨震晦使者

《后汉书·南蛮西南夷列传》书影

冉駹居住的地方民族较多，“六夷七羌九氐，各有部落”，可见其中以氐羌人居多。汉武帝时期，开发西南夷地区，冉駹震恐，请求臣服。元鼎六年（前111），汉武帝以冉駹旧地为基础，设置了汶山郡。汉代的汶山郡治汶江，即茂县凤仪镇，尽管汶山郡的区域在汉晋时常有变迁，但总体上其大多数属县始终是在岷江上游的茂县、汶川县和理县一带。冉駹古国从夏商直至西汉中期一直在这里强盛一方。冉駹人有着高超的建筑技艺，善于养畜，会炮制药材和煮盐。但由于多次战争，冉駹人或被征服，或被迫外徙，一部分成为如今羌族的先民，一部分融入藏族或汉族等。到魏晋以后，史籍中已较少对其记载。

郡县设置

上古时期，羌之故地被纳入九州之列，以梁州为主。秦汉时期，王朝统治者就已将西南少数民族地区纳入自己的统治范围。公元前310年，秦国在岷江上游和湔江上游地区设有湔氐道。汉时，置汶山郡以管辖这一带的“六夷、七羌、九氐”部落。东汉建安十九年（214），刘备进入成都，自任益州牧。在蜀汉正式建立之前的建安末年，岷江、涪江上游地区即为刘备控制，并在该地区设立蜀郡北部都尉。之后，蜀郡北部都尉又改为汶山郡，以南阳人陈震为首任太守。

6世纪50年代，宇文觉建立北周，岷江上游地区纳入北周的版图。北周在此设置汶州、冀州、扶州、覃州四州。这种行政建置，奠定了隋唐时期在该地区统治的行政架构基础。隋唐时代，朝廷实行“羁縻州”制度，在茂县及周围地区设有茂州都督府及多个羁縻州。

知识链接 所谓羁縻制度的建立，是由于西南少数民族地区族群林立，生产力水平的差异，经济社会发展的不平衡性比较突出。在这种情况下，王朝统治者只有采取特殊的方式，形式上将这些地区纳入自己的统治版图。但要实现这种形式上的统治，就不得不利用当地土著民族首领，让他们保持原来在本民族中的政治经济地位，保持国名、领地封号等；另一方面，王朝又在西南少数民族地区设置郡县，派驻郡县首领，并通过地方民族首领，以加强对这些地区的统治。这种特殊的政治制度，称之为“羁縻”制度。“羁縻”制度的实质是“以夷治夷”，即利用土官治理土民。

唐朝在岷江、涪江上游及其周边地区，置有松州都督府、茂州都督府、雅州都督府等，总计设有羁縻“诸羌州百六十八”，

1917年的茂州城门

它们是隶松州都督府的4个羁縻州，隶茂州都督府的40个州，隶巂州都督府的16州、隶雅州都督府的58州及隶黎州都督府的54州等。

五代十国时期，岷江、涪江上游纳入前蜀、后蜀的版图中。前蜀设有茂州，辖汶山、汶川、石泉和通化4县；设维州，辖保宁、小封2县，范围主要在茂县和汶川县以南、理县以东地区。

北宋时期，在岷江、涪江上游的行政建置，基本沿袭唐代的羁縻州制度，除茂州、威州两个正州外，尚有十几个羁縻州。宋朝在此地分别推行两种不同的制度，在岷江支流杂谷脑河流域的霸州、保州推行的是以“兄终弟及、父死子继”为主要特征的刺史任命制，而在岷江、涪江上游的茂县、北川及松潘南部地区，以及黑水等地，实行的则是原始民主基础上的“民选州将”制度，由各个羁縻州的羌民自主推选“州将”作为羌民代表与驻守在茂州的地方官员发生联系。

北宋后期，朝廷开始有步骤地废置羁縻州。数十年间，羌区的各羁縻州首领开始放弃对辖地及民众的管理，纷纷“纳土入官”，朝廷顺势在其地建立正州或军、寨、堡等。岷江上游羌族地区羁縻州的历史宣告结束。

土司治理

元王朝在总结历代封建王朝特别是唐、宋以来推行的羁縻政策经验的基础上，施行“蒙、夷参治”之法，官有“流、土”之分，在西南少数民族地区开始建立土司制度。这种制度由王朝中央对西南各民族豪酋封以官爵，任为各级土司土官，从宣慰使、宣抚使、安抚使、长官司到路、府、州、县的长官大多以各民族中的豪酋担任，让其世袭统治原有群体，王朝中央只通过各民族的首领进行间接的统治；同时又规定各民族首领必须承认是中央王朝统治下的一部分，听从中央王朝的征调，按期缴纳一定的贡赋，承担一部分政治、经济、军事等方面的义务。

元代在岷江上游羌族地区建置有茂州，辖汶山、汶川两县；在杂谷脑河流域建置有威州。委任土官治理地方，设有安抚司、

汶川涂禹山明清瓦寺宣慰司官寨城堡

千户所、万户府等土司。在涪江上游地区则建置有安州，领石泉县。在今四川平武县境内设置了龙州三寨长官司，管理“白马、木瓜和白草”三寨，其中，白草即北川羌族。元王朝在四川羌区推行“各从其俗，无失常业”的政策，并“参用其土人”任长官司，开启了土司制度的先河。

绵虒古城垣

明代土司制度进一步完善。明朝在羌区推行土司制度始于洪武初年，当时朱元璋统一四川，羌区原有土官纷纷归附。朝廷任命当地首领、豪酋或汉地有功人员为土司，继续实行“以土官治

威州明城墙

土民”，对羌区进行代理统治。羌区土司中不仅是羌人，也有藏人，如明英宗时，藏族豪酋雍中洛罗思受封为瓦寺宣慰使司，后迁至汶川涂禹山，统治藏民及部分羌民，逐步成为强大的瓦寺土司。在土司统治下，土地和人民都归土司世袭所有，土司各自形成势力范围。除对中央王朝负担规定的贡赋和其他义务外，土司在辖区内享有传统的统治权力。明朝先后在茂州等地设有董姓静州长官司、坤姓岳希长官司、何姓陇木长官司、温姓牟托土巡检、水草坪巡检、苏姓长宁安抚司、叠溪郁姓长官司、实大关长官司等。在杂谷脑河流域的威州地区设置有打喇土司和杂谷脑土司。在今北川县境中西部的开坪、坝底一带设两个小土司，俗称艾林土司和坝底土司，负责对周边羌寨的管理。另一方面，朝廷在这些地区均建立了一套较为严密的军事防御体系，设置了大量的关、堡、墩台，驻兵防守，以对羌区进行严格的军事管制。

知识链接 **北川永平堡遗址** 位于北川开坪乡永安村境内的大山上，修筑于明嘉靖二十六年（1547）前后，共分下城子、中城子、高城子三部分，均是据险而筑，是系关、堡、墩为一体的巨大防御体系，是川西北目前发现的最大的明代军事遗址。几百年时间过去了，昔日雄伟的古城只留下破墙残垣。

北川永平堡遗址——中城子西城门

在土司管辖的地区，无论大小，都有一套较为完整的组织制度，制定有土规、土律等条文。官寨、公署或衙门是土司统治地区的政治、经济、文化中心。羌区土司之下还设有土舍、总管、管家、头人、寨首、乡约等职，将羌民置于层层管辖之中。羌民对土司有很强的人身依附，需要向土司交纳各种税金，并要完成土司的各种摊派以及无偿提供劳役、差役等。

改土归流

清朝领有羌区后，对明以来的土司继续加以委任，清初时期前后共设置了二十余个土司。但这只是由于当时政局未稳的权宜之计。自明中叶以后，土司势力逐步强大，与中央王朝的矛盾日益尖锐。尤其因为屡次征调，甚至一定程度上依靠土司军队镇压内地农民起义和少数民族起事，致使土司更加骄横。此外，土司之间常常互相掠夺，战争不休，严重影响了统治秩序的安定。其二，随着羌汉之间的交往联系频繁，羌区交通、贸易的发展，汶川、茂州等地已有纯粹的军事政治要镇成为各地物质交流集散之地，促进了羌区经济的发展，羌民对其他文化的了解和对中央王朝的认知度越来越高，朝廷对羌区实施直接管理的条件逐步成熟。其三，当地土司无止境的横征暴敛、巧取豪夺，统治残暴，迫使司民不断进行反抗，冲击着封建领主经济制度统治的基础。而且清康乾盛世时期，国力强盛，中央政府已

清代羌族土司官服

知识链接 改土归流，是明清政府在少数民族地区废除世袭土司，设置府、厅、州、县等地方政权，派任流官管辖地方的一种政治改革。清政府改土归流的地区，包括滇、黔、桂、川、湘、鄂六省，在原土司统治地区实行与内地相同的制度，如清查户口、丈量土地、征收赋税、建城池、兴办学校等。如此，中央王朝在政治上，削弱或削除地方割据势力，巩固中央集权；军事上，可以控制西南地区，巩固国防；经济上，可从西南各省获得更多的利益；在思想文化上，兴办学校，发展生产，促进西南边缘之地人民的安定和进步，同时也让当地人懂得君臣之礼、顺逆之义，以保证社会的稳定。

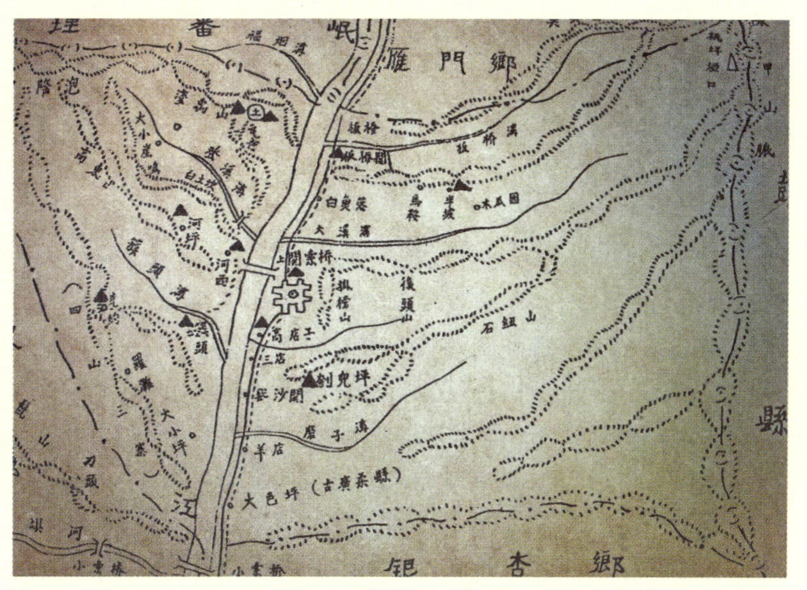

清代汶川县绵虒镇全图

经有足够的力量加强对少数民族地区的统治。因而，在羌区实施改土归流，是在当时全国形势、当地经济文化情况以及土司与中央王朝关系变化等种种背景下而采取的一种行政措施。

羌族地区的改土归流早在明代后期就已开始。明朝嘉靖年间，废除了龙州宣抚司，改置龙安府（府治在今四川省平武县），并置流官进行管理，石泉（今四川省北川羌族自治县）为其辖区之一。但大规模的实施，还是在清乾隆十七年（1752）废除杂谷土司之后。到清道光时期，羌区改土归流大体完成，进入流官统治时代。茂县、汶川地区的土司，除管辖藏族、羌族的汶川瓦寺土司外，其余或已全部归流，或名存实亡，如静州、陇木、岳希、牟托等土司，地区大为缩小，势力急剧削弱，成为只管辖三五个寨的首领。对北川羌族，清政府设置了若干既懂羌语又会汉话的人作“通司”，负责向羌民传达县地方官员的指示，反映羌民的意见，羌寨的刑狱诉讼案件由知县办理，日常

清代四川直隶茂州土司官印

事务由羌寨自行办理，直到辛亥革命前夕，这一区域才被划归县地方政府直接管辖。

东南抗英

明末清初以来，愈来愈多欧洲人来中国发展贸易，但清朝自康熙以来一直收紧外贸政策，采取闭关政策。英国政府为打开中国市场，决定派出远征军侵华。1840年6月，英军舰船47艘、陆军4 000人从印度出发陆续抵达广东珠江口外，封锁海口，鸦片战争爆发。战争期间，四川总督曾奉命先后六次派兵增援广东、浙江、江苏等东南前线抗英，其中有三次征调了松潘营所属的绿营兵和土屯兵，而土屯兵中就有不少川西北地区的羌族儿女。

清道光二十年（1840）十二月十四日，道光皇帝诏令四川总督宝兴："四川兵二千名由张青云（川北镇总兵）带领……迅速分赴广东，听琦善调遣，勿稍迟误。"不久，四川绿营兵、土屯兵等首次出征东南。他们陆续东下，开赴广州，投入战争。

道光二十一年九月十三日，道光皇帝再次诏令宝兴："于建昌、松潘两镇属内挑选精兵，其该省屯兵有可调用者，亦著一体挑选，共是两千名之数，委派曾经出师之镇将管带，前赴浙江军营听候调遣。"此次调遣，总计2 130名，其中包括汶川瓦寺土司索文茂统领的羌藏士兵千余人。将士们在重庆集中编队，乘船东下。道光二十二年正月二十九日，作为前锋之一的羌藏士兵在宁波向英军发起进攻，然而遭遇英军埋伏，死伤惨烈。

与此同时，反攻镇海的清军在朱贵的率领下分两路向镇海城及招宝山威远城堡的英国炮火阵地发起进攻。瓦寺、金川土守备哈克里帅屯兵300人为头敌，将士们英勇杀敌，仅瓦寺土司所属的士兵即斩获百余人。羌藏士兵善于登山，抢入威远城，夺取了英军炮火阵地，却遭到江面英军炮舰的猛烈轰击，不得已撤退。战斗结束后，幸存者将阵亡的各族将士的辫子割下，连同死者的名牌一起带回故乡埋葬。如今在汶川、理县等地依然还存在的辫子坟，就是当年抗英阵亡将士的坟冢。

汶川县三江乡瓦寺土司宁波抗英阵亡将士“辫子坟”

英军占领镇江后，道光二十二年七月十一日，清廷再次令宝兴挑选精兵1 000名，驰赴江宁。此次调遣也有羌藏士兵参与，后因形势变化，所属兵部在途中撤回。

辛亥鼎革

清宣统年间，全国各地风起云涌的反清斗争发展到了高潮。清光绪末年，孙中山领导的同盟会派彭家珍到茂县、汶川等地宣传革命思想，联络各界准备起事，开展反清活动。辛亥革命前夕，四川全省六十余县成立保路公会，1911年9月，反清武装起义已遍及全川各地。四川保路同志会在川西一带积极活动，汶川、理番、茂州、松潘、石泉等羌族地区的不少民众纷纷加入其中，连茂州陇木土司何夔功也于宣统三年写信给保路同志会，愿“以每年实收粮石夫马约千余金，全数捐入保路同志会，以助保路之资”。

在革命军的攻击下，四川总督赵尔丰濒于危机，飞调驻松潘、茂县一带的巡防军南下支援成都，以镇压革命。第二十二世瓦寺土司索代兴率领土兵千余人（主要是藏、羌民族），为支援同志军，阻击巡防军于茂县所属白水寨。之后，又命令其弟代赓率领土兵六百余人，与清兵转战在郫县至灌县一带。当清兵进占

1910年的松潘

雁门乡萝卜寨，烧杀无辜羌民，抢掠财物，奸淫妇女之时，羌族人民群起反抗，并推索桥人朱昆山为首领，集合上千人，在文镇关、石鼓山、驼沟头、茶山村一带，与清军激战。从松潘奉命南下救援成都的巡防军，沿途受到各族人民的阻击，溃不成军，赵尔丰的援军被切断，只好束手就擒。这直接支援了反清斗争的胜利，为推翻清王朝的统治做出了积极贡献。

在此期间，汶川县署的羌汉群众在该县同志军首领李维明的带领下，抓了知县，枪毙清军官映桂，占领县衙门，结束了清朝在汶川的统治。随之，威州、理番、松潘等地的羌、汉等群众占领了军事重镇威州，控制茂州，围住松潘城，清朝在羌族地区的统治逐渐瓦解。

可是，辛亥革命胜利后，革命果实被当时的封建统治阶级篡夺，如瓦寺土司就封为屯土统领，曾被打垮的黑虎乡土司也恢复了其统治，羌族群众被奴役的社会地位依然没有改变。

红军过境

1934年10月，中央主力红军（红一方面军）为了摆脱国民党军队的“围剿”，被迫实行战略大转移，从瑞金古城向西转移，退出中央根据地进行长征，于1935年10月到达陕北，与陕北红军胜利会师。之后，红二方面军、红四方面军也先后进行了长征，最后，红军三个方面军于1936年10月在甘肃会宁胜利会师，结束长征，完成北上抗日的战略部署。

长征途中进入羌区的主要是红四方面军。红四方面军是工农红军主力之一，由张国焘、陈昌浩、徐向前领导，1931年11月7日成立于鄂豫皖苏区。1932年5月遭受国民党军“围剿”，9月突围西行5 000里，于12月过大巴山入川北，1933年1月占领通江，建立以四川北部的通江、南江、巴中3县为中心的川陕根据地。1935年3月，张国焘战略配合红一方面军，发起嘉陵江战役，令红四方面军八万余人放弃川陕根据地，向西挺进。3月29日，红军主力强渡嘉陵江成功，接着连克阆中、南部、剑阁、梓潼、彰明、中坝等地，4月11日，解放平武县城，自此，红军长征进入羌族地区。

4月中旬，红四方面军先遣部队由平武等地开始进入北川县境，至5月初，迅速击溃敌军，解放了北川县境内的广大羌族聚居区。

当红军抵达北川时，国民党政府就制订了“封锁土门，全力守备北川河谷”的作战方案，并征调茂县、理番、汶川三县民工修补茂县城垣，同时征调了国民党第四十五军的两个营由北川进入茂县的门户——土门，这是西进川西北的一条重要通道，川军及国民党中央军总计一万余人在土门河一线上设置了三道防线堵截红军。为打破敌人全力固守北川河谷，在涪江、北川河三角地区消灭红军的作战计划，实现“打通横贯川西北的联系”，“创建新苏区”，求得与中央红军会师，红四方面军决定发起土门战役。

红军攻破汶川雁门关的场景

▲ 红军使用的自制手雷

知识链接 **土门战役** 土门战役由强占北川河谷、突破土门封锁线、激战千佛山、守备观音梁子一线等重大战斗所组成。1935年5月中旬，红九军与红三十军主力经北川向土门攻击前进，于15日占领土门，红四方面军西进岷江流域的道路打通，15日当晚迅速占领了茂县县城。可是，国民党军队为截断此通道，于5月17日总攻千佛山等红军阵地，重新封锁土门。至7月中旬，红军多次击退敌军进攻，在完成掩护主力部队西进任务后，撤离了阵地。战役自1935年4月中旬至7月，历时90余天，共歼灭敌军1万余众，牵制国民党川军100多个团，以及出动的屯殖军等各地方团队、士兵总兵力20余万。

红军部队进驻茂县后，随即兵分北、西、南三路进军。北路沿岷江逆流北上，进入松潘；西路沿黑水河西进，进入黑水；主力由茂县沿岷江南下，直抵雁门关，这是直取汶川、理县的必经之地。前后不到两个月，红军解放了羌族聚居区。6月上旬，主力部队由汶川、理县分别抵达岷江以西的懋功，与红一方面军会师。9月中旬，红军后卫部队在完成阻击任务后全部撤出汶川、理番、茂县境内。至此，红四方面军在羌族地区先后经历了五个月时间。

红军在羌区驻扎期间，不仅击溃了境内的国民党部队，并使长期遭受剥削压迫的各族群众第一次获得真正解放。红军每到一地，就广泛宣传革命道理和党的民族政策，如发布《红军对番（羌）民十大约法》《告回番（羌）民众》等文告，迅速发动群众建立各级苏维埃政权，镇压反动力量，没收官僚军阀财产，开展了轰轰烈烈的土地革命。通过各项工作的开展，纪律严明的红军很快赢得了羌区群众的信任和支持，人们积极热情地从人力物力各方面支援红军，筹措粮食，保障交通，掩护伤员，并掀起了参军支前的热潮，仅茂县一县就有1 000多人参加红军北上抗日，为红军长征和革命胜利做出了不可磨灭的贡献。

红军政治部刻的石碑 ▶

然而，红军离境后，国民党立即疯狂反扑，企图绞杀一切革命力量，逃跑出去的地主恶霸也纷纷返乡，对翻身农民进行“清算”，使羌族地区再次陷入白色恐怖之中。然而，经历过革命锻炼的羌区人民，不断地进行着英勇斗争，羌族地区爆发了无数次反抗国民党政府的群众武装斗争，其中最著名的是1942年在茂县爆发的“茂北事变”。

川陕省苏维埃政府造布币（1933年）

茂县专区的专员和县长以“铲烟”为名，派兵洗劫了茂县北路蚕陵乡的一些村寨，引起当地羌、汉各族人民的强烈愤慨。千余群众揭竿而起，响亮地提出了“打倒贪官污吏”等口号，义军消灭了前往搜刮的保安中队，并顺势直攻茂县县城，打垮了守城的国民党军队，将县城团团围住，城内出现了署名“共产党政治部”“新四军政治部”和“共产主义青年团”的革命标语，上面写着“只有共产党才能救国救民、解放夷人痛苦”“打倒贪官污吏，杀绝土豪劣绅”等，国民党政府军队惊慌失措，砍断索桥，派飞机轰炸，进行恫吓。这次斗争虽然由于国民党的收买分化最后遭到失败，但斗争的声势给敌人以有力的打击，显示了羌族人民不屈不挠的革命斗争精神。

民族区域自治

1950年间，平武、北川、理县、茂县、汶川、松潘等县先后获得解放，成立人民政府。随之，中国共产党在羌族地区实行了民族区域自治制度。

1950年2月26日，茂县设立茂县专区专员公署，隶属川西行政公署，后来陆续建立区、乡级民族自治政权。1953年，在茂县专区的基础上成立四川省藏族自治区。1955年更名为四川省阿坝藏族自治州。鉴于自治州内的茂县、汶川、理县有着共同的民族特点，且三县紧密相连，政治、经济、文化发展水平相当，因此，党和政府向三县人民提出共同建立羌族自治县的建议，以进一步保障羌族人民当家做主的权利，促进羌区各项事业的发展。1957年冬天，三县分别召开各族各界人民代表会议，做出了三县合并成立茂汶羌族自治县的决议，并由四川省人民委员会转呈国务院批准。1958年7月5—7日，茂汶羌族自治县第一届人民代表大会在威州镇召开。7月7日，由茂县、汶川以及理县合并的茂汶羌族自治县宣告成立，以原汶川县城威州镇为县治地。至此，羌族的第一个县级自治地方建立了。

1958年7月5日，茂汶羌族自治县成立大会

茂汶羌族自治县成立20周年大会

1963年，经国务院批准，恢复原汶川县、理县建制，茂汶羌族自治县只辖原茂县，县府也从威州迁回茂县的凤仪镇。1987年7月，经国务院批准，阿坝藏族自治州更名为阿坝藏族羌族自治州，羌族人民享受州级民族区域自治权益，茂汶羌族自治县撤销，仍置茂县。

2003年7月6日，经国务院批准，四川省绵阳市北川县撤销，建立北川羌族自治县，县府设在曲山镇，后由于2008年“5·12”大地震的发生，县府迁至新建的永昌镇。这是目前我国唯一的羌族自治县，也是我国最年轻的一个少数民族自治县。

此外，2004年，绵阳市的平武县建立了平南、徐塘和锁江三个羌族乡。

与此同时，羌族地区大力进行了自治机构的建设，以保障羌族人民参与地方事务管理，相继出台了《阿坝藏族羌族自治州自治条例》《北川羌族自治县自治条例》等法规，并按照相关规定和要求，在州、县权力机构中，羌族代表、委员数量均达到与其人口相适应的比例，各级机构均配备了羌族领导和干部。

2003 年北川羌族自治县成立庆祝大会

第四章
生计方式

生活在土地资源少的高海拔山区，人类需要智慧充分利用这并不富饶的生存环境。岷江、涪江河谷的羌人，千百年来逐渐形成以农业为主、畜牧业为辅，兼及其他副业的生产方式。农业主要解决粮食和饲料问题，畜牧业解决肉食和肥料，而其他副业则可以增加收入。

耕牧原野

农业

传说羌人姜姓炎帝族群兴起后，一部分傍渭水向东移动，进入中原地区，从早期的游牧业转入农业生产。炎帝族群首领因此为后世尊称为“神农”。留居青藏高原沿边河谷地带的羌人，很早也发展了农业。迄今在甘肃、青海、新疆、四川、云南等羌人故地，均有麦作遗存发现，其时间在距今3000年前。可见，羌人种植小麦历史非常悠久。

岷、涪江上游的羌族在20世纪50年代以前，主要种植玉米、青稞、小麦、大麦、土豆、荞麦、豆类等粮食作物；经济作物主要是核桃、花椒、苹果、茶叶、油菜等。玉米、土豆分别于清乾隆、同治年间传入，苹果系于民国年间引种，余则均为羌区

平整耕地

▼

传统作物。所产土豆、白芸豆颇负盛名。而“茂县苹果”“茂县花椒”“北川茶叶”皆是中国名产。

黄牛犁地

羌人所居大多是典型的旱作山地，祖辈经过不懈努力，在山坡、河谷开垦出一片片农地。每年农历二月时，人们就开始忙忙碌碌在地里做农活。首先，人们把全年要种的土地填上粪，牵出黄牛犁地。此时，羌寨里常会听到人们此起彼伏的“耕地歌”：

耕牛啊！要劳动啊！就要苦三天休息一天，就请你快一点啊！劳动就要勤快，苦一天累一天，第二天就可以休息啦。

一般家庭会养殖1~3头黄牛，主要用来耕地；也有几户家庭共同饲养黄牛，耕地时轮番使用；或有少数家庭没有饲养黄牛，农忙时则要向亲戚邻里借取黄牛。黄牛大部分时间都在山上的放牛场里，冬季即将到来时，黄牛被主人迁回牛圈饲养，直到春耕时黄牛犁完地再被放回到山上。而羌区北部，有不少家庭饲养犏牛耕地，翻土时采用二牛抬杠翻土，两牛相距七八尺，中间横抬

二犏牛抬杠翻土

▲

打场

一“杠”，“杠”后接续犊犁，一人扶犁抄地。耕完地后，人们便要准备播种。

畜牧业

羌族畜牧业肇始久远，早在远古时期游牧于中国西部高原、山地的羌族先民即已成功地驯养了羊、牛等家畜。

羊是羌族驯养成功最早的家畜。远古有一种“盘羊”，其双角旋转盘曲。羌人捕之圈养，加以驯化，并逐渐将其改良为绵羊。中原原有羊种即属于羌羊系统，系羌人内迁带往。原居青海、甘肃、新疆等地的羌人，很早即以养羊闻名。汉代文献里就有“羌，西戎牧羊人也”的说法。随着羌人南迁，羌人所饲养的羊种也广泛分布于今日的青藏高原和四川、云南、贵州一带。羌羊有草原型和山地型之分，其毛富于光泽和弹性，纤维很长，是织毛毯和地毯的良好原料。如今羌族分布地区的牲畜仍以羊为主，肉可食，皮可以制衣。

山羊

被誉为“高原之舟”的牦牛，也为羌人最早驯养成功。至少在殷、周之际，他们已将凶悍、狂暴的野牦牛驯育成乳肉毛役兼用的家畜，其产品已销到中原地区。牦牛曾是生活在青藏高原及其沿边地区羌族先民牧人普遍牧养的家畜之一。如今羌族地区饲养牦牛已远不及其他牲畜数量多，但在一些羌寨公祭其祖先时，还必以牦牛为牺牲，名之为“还旄牛愿”。言其祖先自盛产牦牛处迁来，可见其流俗久远。此外，羌人很早就把牦牛和黄牛杂交成犏牛，创造出一种新型家畜。其性格之温顺，产乳量之高，肉味之美，驮运挽犁力之强，以及对气候变化的适应性，均远胜于牦牛。

牦牛

村寨里一般家庭都会养几头猪

羌人养马的历史也很悠久。商代有“马羌”，汉代有“白马羌”，都因其善养马而名之。羌人是个尚武的民族，早在滇零政权建立时期，羌人骑兵已很出色。又如西夏军队有“步跋子”和“铁鹞子”。“铁鹞子”即骑兵，他们十分骁健，倏忽百里，往来如飞，遇平原旷野作战则以“铁鹞子”往来冲击，西夏军队的胜利往往得力于此。但岷江、涪江流域羌族生活的地区主要是山地，不再适合养马。

如今，除牛羊之外从成都平原地区引进的猪成为羌区主要的家畜品种。村里人说“穷不丢猪，富不丢书”，也有说“无猪不成家”。无论家庭富裕还是贫困，家家都要养猪，饲料主要是玉米面、土豆和山上的野草。在交通不便的高山村寨里，猪肉成为一个家庭这一年来最为主要的肉类食品。以前衡量一家人的富裕程度，首先是看这家屋里吊着多少腊猪肉。

狩猎和采集

羊肚菌

除了种植和养殖，羌人还有其他的取食策略，例如野外狩猎和采集。在山上，有多种野生动物，例如野猪、盘羊、野山羊、熊、雪猪、麂子、松鸡等。当地人知道许多野生动物属于保护类动物，大多时候能猎到的就是野猪。山上野猪数量多，且经常糟蹋农地，是当地主要农害。

羌区山里野菜种类很多，春季有“石杆菜”“足基苔”“刺笼胞”“苦麻菜”“荠菜”等，夏季盛产“鹿耳韭”“空桐菜”“鹅习”“烧香杆”“飘带葱”等，森林里有平菇、木耳、猴头菇、羊肚菌、鸡冠菌、松茸菌、刷把菌等，以及柳树林里的杨柳菌，花椒树下的花椒菌，杨树下的老鹰菌，还有草坪上的草菇等，有上

知识链接 石杆菜，是生长周期较长的一种野菜，羌人喻其为“接药夫子上山，送药夫子下山”的菜。也就是说采药人从初春开始上山时就有石杆菜吃，到秋末采药人都归来了，还能吃着石杆菜。

石杆菜

百种之多。

野生菌中松茸菌、羊肚菌很珍贵，能在短期内使人们获得一笔额外收入。多年进山寻菌，人们慢慢摸索出菌的生长范围，采摘时并不连根拔起，以便来年会继续生长。

山上还生长有不少名贵药材，例如虫草、天麻、贝母、猪苓，还有细辛、甲皮、香头、独活、羌活、虫笼、赤芍、串山龙、木通等上百种药材。对于什么季节能在什么地方采集到这些药材，当地的羌人非常熟悉。例如虫草的采集时间为农历谷雨到

择菜

虫草

立夏期间。采集虫草时，人们准备好必要的生活物品，沿着山路到达山顶。虫草一般生长在海拔4 000米左右的山上，采集时这里还是一片雪地，需要视力极好的人才容易发现虫草。其他如天麻的采集时间为5月至6月，贝母的采集时间为6月至7月，最容易采集到猪苓的时间是5月至8月。这些药材通过晾晒等方式简单加工，容易储存，方便使用。

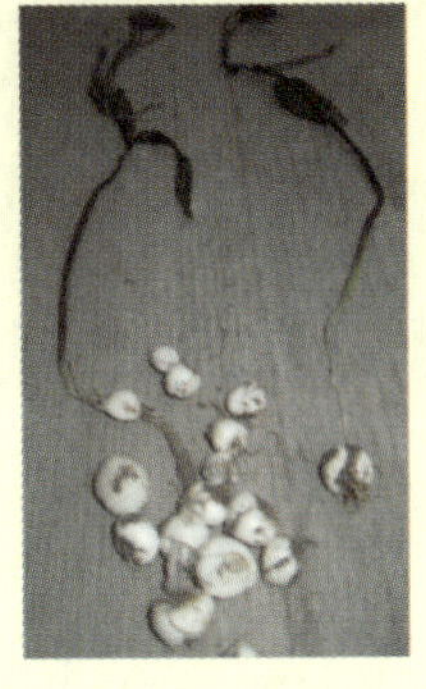

贝母

独活

特色种植

茂县花椒

茂县地处岷江干旱河谷地带，这里气候干燥、年降水量少，为花椒生产提供了良好的自然地理和气候条件。茂县是四川发展花椒产业的一个大县，栽培历史悠久，主要生产的“六月红”大红袍花椒，其果实以油重粒大、色泽红亮、芳香浓郁、醇麻可口的独特风味而闻名于省内外，深受广大消费者的喜爱。茂县花椒在不受自然灾害（如花期冻害、采收前冰雹）影响的情况下，总产量能够达到约500万斤，是川西北高原羌寨无公害自然绿色特产，是茂县农业主要经济收入。“茂县花椒”为国家地理标志产品。

花椒

采摘花椒

茂汶苹果

茂汶苹果质地优良，以金冠红心、红冠品种为佳。茂县南新镇、凤仪镇等地温差大，光照时间长，依托九顶山雪山，远离污染的地域条件使这里成为绿色无公害农产品的理想家园。当地出产的苹果含糖量高，果香浓郁，汁多无渣，口味特别甜。冰川雪水浇灌、沙性土壤栽培，使苹果的果核部分糖分堆积成透明状，形成独一无二的“糖心”。糖心苹果口感酥脆细腻，甘甜无比。金冠苹果个头大，成熟后表面金黄，色中透出红晕，光泽鲜亮，肉质细密，汁液丰满，味道浓香，甜酸爽口。“茂汶苹果”已成功获得国家地理标志产品保护。

“糖心”苹果

金冠苹果

北川茶叶

▲

采摘茶叶

北川茶叶，是北川羌族自治县的著名特产，其中北川苔子茶以其生机旺盛、产量高、适应性强、耐寒力强、抗逆性强、茶芽肥壮等特点，成为北川茶叶中的优良品种。北川受中亚热带湿润型季风气候影响，形成了对茶树生长极为有利的生态环境：一是气候温和，年均气温为15.7℃；二是雨量充沛，年平均降雨量为1 200毫米左右，且主要集中于茶树生长期的4~8月份；三是森林覆盖率高达78.6%以上，日照时数少，漫射光多，这对茶叶优良品质的形成极为有利；四是海拔变幅大，茶叶主产区的宜茶海拔变幅达到了600米左右，形成了明显的立体气候条件，对调节茶叶开采期，延长加工时间具有不可多得的地理优势。北川种茶历史悠久，据县志记载，始于唐，产于北川县通口镇境内“龙潭子”的“绿昌明”茶，早在唐代就成为四川的八大名茶之一。

汶川甜樱桃

▲

汶川甜樱桃

汶川甜樱桃，是汶川县的著名特产。汶川甜樱桃种植区域属暖温带半干旱季风气候区，气候干燥、雨热同季、昼夜温差大、日照充足，是甜樱桃生长发育最适宜区域。汶川甜樱桃原产欧洲，性喜冷凉干燥，日照充足，由于对生态条件要求严格，适应区域狭小，而汶川境内海拔高，日照强，温差大，与世界优质甜樱桃原产地——美国西北部和加拿大西南部地区的气候极为相似，为世界甜樱桃优质栽培区。汶川境内气候既可以满足甜樱桃对低温的要求，又无冻害之忧，且十分有利于糖分的积累和果实着色。

汶川甜樱桃果实肾形，果大，缝合线明显，果皮深红至紫红色，有光泽，果肉玫瑰红色，肥厚质脆，味甜，离核，品质极佳，且果实成熟期早于北方甜樱桃产区15~20天，具有极强的品质优势和市场竞争力。优质优产的汶川甜樱桃让汶川县先后获得“樱桃之乡”“甜樱桃基地”称号。

脆红李

茂县、汶川等地出产的脆红李，果实正圆形或近圆球形，果较小，果皮紫红色，果肉黄色或偶带片状红色。脆红李皮薄、脆甜，含有多种维生素和氨基酸。上市时间为9~10月，成熟的时候几乎没有李子类品种与其争市场，因而市场销路顺畅，经济效益好。

脆红李

茂县九顶山枇杷

茂县九顶山枇杷

茂县九顶山枇杷是全国成熟最晚的枇杷品种之一，6月中下旬上市。当地具有得天独厚的光热资源和气候条件，常年四季水源充足，昼夜温差大，环境无污染。当地采用国家五星级品种栽培技术，枇杷果形美观，色泽鲜艳金黄，果皮少锈斑、无裂果、品相好，营养丰富，清肺润肺，帮助消化吸收，止渴解暑。

羌山核桃

羌区地处川西高原地带，岷江上游干温河谷的生态特点十分适宜核桃树生长。汶川县大力发展核桃产业，将核桃栽种纳入汶川农业“五千万工程”建设，全县核桃栽种面积达到6万余亩，核桃基地、专业合作社已覆盖到全县各乡镇。茂县核桃产业化发展项目从2007年开始，被立为四川省林业产业强县培育县。而北川早在2003年度就结合国家农业综合开发水土保持项目建立起了高效核桃生产示范园，并引进与北川自然地理条件相似的“中国核桃之乡”巴中市南江县核桃品种进行培育，为建设核桃之乡提供优质种苗。羌山核桃品质优良，出仁率高，核桃仁中氨基酸、矿质微量元素、维生素含量均达优质指标。

羌山核桃

走廊运输

在羌区，有一条茶马古道贯穿其中，那就是松茂茶马古道，古道运输成为部分羌人的另一谋生方式。

松茂茶马古道从雅安、灌县、大邑一带的产茶区开始，经灌县（今四川省都江堰市）、青藏高原东缘的龙门山系（民间至今称为西山），到甘肃、青海等地区。20世纪50年代以前，松茂茶马古道上著名的茶马古道有四条。第一条是灌县至松潘的岷江左岸大道，也是岷江峡谷最出名的道，人们通常也用这条道来指称松茂茶马古道上所有的茶马古道路线。这条道从雅安、灌县等产茶区开始，经过灌县、尤溪、东界脑、羊店、新保关（威州）、茂县、沟沟寨（沟口寨）、大店、猴儿寨、镇江关、安红关、松潘，然后经由松潘到甘青地区。这条路线仅灌县到松潘的距离就有635里。第二条道是杂谷脑右岸大道。经过灌县、尤溪、东界脑、羊店、新保关（威州）、高河坝、洪水沟、杂谷卡（杂谷脑）、朴头、彭家河坝、古尔沟、鹧鸪山河坝、鹧鸪山、马塘、二京里、刷金寺，最后到达甘青地区。第三条路为小西路，从灌县经三江口至小金（懋功），全程640里，比灌县经新保关至懋功减少320里，故行人、驮队多愿走此道，旧称“小西路”。第四条道为霸州古道，经灌县、尤溪（都江堰市内）、东界脑、羊店、新保关（威州）、东门口、阿尔寨、龙池（汶川县龙溪乡境内）、三龙、松潘，远至甘青地区。这条道是秘道，主要是为了

松茂茶马古道部分路线图

躲避新保关至茂县的关卡而行。

岷江边险峻的马道

松茂茶马古道始建于周，兴于秦汉，盛于唐代与吐蕃开设“茶马互市”。蜀汉时，姜维部将修路架桥，一方面为了拓展疆域，便于军事行动的需要；另一方面为了加强对川西北少数民族的治理，为蜀汉政权提供更可靠的保障。唐代时，大唐与吐蕃之间在四川境内形成了以松茂古道为界的对峙态势，当时松茂古道变成了以战马、茶叶、布匹、铁器等战略物资互换为主的战略交通要道。宋代时，大量的川茶从川西的邛崃、名山、雅安和乐山等地经成都、灌县、松州，过甘南，输入青海东南部，然后分运至西藏、青海各地。从此，四川岷江流域松茂茶马古道——“西路”名声大震。清代乾隆时期，“茶马交易”逐渐萎缩，最终被完全停止。之后，清王朝以灌县、大邑等地所产之茶，行销松潘、理县一带，称为“西路边茶”，从此“茶土交流”大行，羊毛、皮张、药材、矿产等山货和内地的布匹、锦缎、盐、五金、大米等百货之间的交易成为最重要的商货，松潘遂发展成为川西北、甘青乃至蒙古的西路边茶的重要集散地，人渐稠密，商贾云集，为西陲的一个大都会。

经民国时期，直到中华人民共和国成立初期，这条松茂古道一直远近闻名。繁荣的古道上，终日马铃叮当、人声喧沸。古道派生出包括羌民在内的马帮脚夫、挑夫、背夫阶层，成年累月地往返奔波在这一羊肠小道上。如背负茶包者，茶一包重约二十斤，壮者可负十三四包，老弱则仅四五包已足，肩荷者甚吃苦，一日也就行十多公里。松茂古道路途艰险，许多路段狭窄得仅勉强能让一匹马通过，其艰难和危险是无法想象的。这就有了马帮血泪凝成的民谣：

岷江河谷的背夫

三垴九坪十八关，一锣一鼓到松潘，上一回松潘作一回难，下一回灌县过一回年。

入蜀为佣

位于川西的羌区紧邻成都平原，在冬、春农闲季节时，为弥补产出的不足，维持生存与发展，当地包括羌族的各民族都要成群结队“入蜀为佣”“下坝找活路”。

羌人入蜀为佣的谋生方式在历史文献中早有记载。如晋代的《华阳国志·蜀志》：

汶山郡……多冰寒，盛夏凝冻不释。故夷人冬则避寒入蜀，庸赁自食，夏则避暑反落，岁以为常，故蜀人谓之作五百石子也。

茂县的索桥

这种习俗在《后汉书·西南夷列传》中也有记载。

清代乾隆时期，乾隆皇帝曾就征剿小金川时是否要禁止川西民族为佣一事有过旨意，《上谕应循旧准番民下坝佣工》说：

番民每岁下坝佣工，借以糊口，几视为常业，若因征剿小金川，禁止佣工，致失谋生恒业，实为非计。朕意：下坝之事，似应仍循其旧。

指出不应因战争而影响当地藏、羌人等的生计。

当时唯一通往川西的通道，此为汶川县绵虒的飞沙关

清代同治时期《理番厅志》中记载：

杂、梭磨、诸番男妇，于三冬进口，赴蜀西各郡县佣工，谓之下坝做活路，不独威、茂、熟番然也。凡掘堰，淘井，造屋，筑墙诸色，皆善

力作……春尽，贩缣、布、锅刀、牲畜以归。

羌区山高水险，为便利交通，羌人创造溜索以渡河

可见，羌人十月离开家乡到成都平原，次年三四月返回，随身携带铁制三脚炉具等生活用品，大多从事掘井、建房、砌墙等劳动，以取得薪资和就地谋食。羌人善于掘井、淘滩、筑堰，史书上关于羌人进入川西平原进行水利建设的记载屡见不鲜。举世闻名的都江堰水利工程，从它的兴建到后来历代的岁修、扩建，都有羌人的参与。

到20世纪初，每逢农闲季节，羌人依然络绎不绝地前往川西平原从事劳动，一些人胸前还挂着“包打水井”“包砌河坎”“专修河堰”的小木牌。入蜀为佣的习俗，直至新中国成立前尚部分地保留着。随着社会的发展，从20世纪90年代开始，羌区人们进城打工的现象日益明显。

知识链接

羌佣行

［明］孙复宏

太平天子真洪福，六合之内不异族。
我来西蜀四经年，眼见羌蛮乐豢畜。
其地距蜀又极西，峭峰插汉多阴谷。
其性畏暑不畏寒，春去秋来避炎奥。
其俗不任蚕桑功，杂织色毛为彩服。
朱离音解变华言，雅有名姓人皆熟。
不分长幼与妻子，负重履危若平陆。
蜀人利其操作能，年年相赁亟乘屋。
壮者刈茅老者苫，女者负土男者筑。
自秋徂春日无虚，朝此暮彼群相逐。
戮力不省何名勤，率性那辩谁与睦。
嘻嘻笑语处处家，团团起处便便腹。
吁嗟乎乐莫乐兮，此羌佣几忘荷我圣主之陶育。
君不见中原万里辞家人，故园儿女欲穿目。

第五章
民俗风情

在漫长的历史发展过程中，羌人创造了灿烂的民族文化，形成了自己独特的风俗习惯。因地制宜、独特精湛的建筑艺术，刺针运缀于服饰之中的美丽，风味浓郁的特色小吃，生命轮回中的礼仪，庆祝丰收或满怀祝福的节日，还有充满乐趣的传统竞技，种种图景演绎了别具一格的民俗风情。

汶川布瓦羌寨土夯碉楼

累石为室

羌族一般在向阳、背风，有耕地和水源的高半山或河谷地带筑屋造房。按照材料和结构的不同，羌族民居可以分成石砌碉房、夯土和阪屋（干栏式）等形式。夯土民居的建筑形式和特征与石砌碉房大致相同，但采用山上的黄泥土夯筑而成，如汶川县萝卜寨和布瓦寨等地使用黄泥垒屋，形成土屋、土碉。阪屋则是受汉文化影响较深的坡顶民居，采用干栏式木结构，以石墙体作为围护。而羌区多页岩，石砌建筑在羌式建筑中极具特色，分布较广，其中以碉楼、石砌碉房最为有名。

碉楼

碉楼，在汉代文献中称为“邛笼”，多矗立于关口要隘或村寨附近及中心。《后汉书·南蛮 西南夷传》中记载，岷江、雅砻江、大渡河、涪江等流域的羌族先民——冉駹“众皆依山居止，累石为室，高者至十余丈，为邛笼”。汉代的“邛笼”，唐代称为雕舍，在《新唐书·南蛮传》有记载：“（黎、邛二州）西有三王蛮，盖莋都夷白马氏之遗种。……叠甓而居，号雕舍。”隋唐时期，碉楼建筑在四川西部和整个藏东地区分布很广。明代四川巡抚的《平白草蕃记》中曾列举“凡攻克蕃寨五十有奇，毁碉楼四千八百七十有奇，斩首一千有奇”，可见当年碉楼之盛。至今，羌族地区仍可见到巨大碉楼自半山高插云表。

碉楼在古代军事对垒中有重要意义。《隋书·附国传》记载：

（附国）近川谷，傍山险。俗好复仇，故垒石为石巢而居，以避其患。基石巢高至十余丈，下至五六丈，每级丈余，以木隔之，其方三四步，石巢上方二三步，状似浮屠，于下级开小门，从内上通，夜必关闭，以防盗贼。

此处道明了累石为室的主要功能在于防御。碉楼是羌族建筑最引人注目的部分，也是羌寨最主要的防御军事设施，具有瞭

汶川县萝卜寨房屋

茂县黑虎羌寨群碉

望、储备、躲避、防守等多种功能，一旦有战事，村寨中的老幼妇孺都入内躲避，青壮男子则据险自卫，平时则住人或用以贮存粮食。

石砌碉楼外观雄伟，坚固实用，楼体呈四角、六角或八角形，上细下粗，棱角突出，结构严密，内有六七层，最高的达十三四层。底层直径一般为5米，各层用木梁板分隔。每层留有枪眼，顶部盖瓦或木板。因为分层构筑，往往需要十几年才能完成。为了承担较大的荷载，碉楼底层的收分相当明显，上部略缓，外形呈现出优美的弧线。

茂县是羌族聚居的中心。这里的羌民一直以善战和反抗压迫著称，其中最为著名的是黑虎将军领导的起义，其最终事败战

茂县黑虎羌寨碉楼

死，但事迹至今仍为羌族人民传颂。黑虎羌寨现存数十座石砌碉楼，分布于山谷两侧山坡上，呈现出碉楼林立的壮观景象。据村民相传，最早的碉楼可能建于唐代，距今有一千多年，一般的有数百年历史。黑虎的碉楼多为私用，与住宅砌筑在一起，内有门相通，是较为古老的碉楼防御形式。黑虎碉楼的造型古朴，高者近30米，顶部多为平顶，无挑出平台。平面形式丰富，有四边、六边、八边、十边甚至圆形等各种多边形。其多边外棱由石墙外壁的“鱼脊”形成，意在加强碉楼的结构。碉楼内部有木质楼板分层，使用独木梯连接各层。

城堡式建筑

经过秦朝一代武力兼并，加之进入汉代以来，汉武帝文功武略强力经略西南西北，羌地陷入战事连连，几无安宁，逼迫羌人加强防御。勤劳智慧的羌族人民把原本用以祭祀、居住的碉楼用于军事防御，在山梁、寨口、寨中到处修建，并将每个村中公共的、家族的、家庭的碉楼与民居全部连通，在所有建筑下面开掘水渠户户相连，既保证用水又做战时通道，在被包围的情况下可以坚守数月。这样形成了城堡式建筑群。

理县桃坪羌寨

知识链接 **东方古堡——桃坪羌寨**

桃坪羌寨位于理县杂古脑河谷北侧，海拔约1500米，北依山脊，西为高山融水，东西均是农田，南有成阿公路。南侧高山海拔2 200米处的佳山、入达二寨，由于附近有大量汉以前土著人石棺墓葬群，也被称为石棺寨。当地羌民早期多居于这些高半山寨子，约在明代开始定居河谷地，逐渐形成了完整复杂的防御堡垒——桃坪羌寨。

桃坪寨初建时建筑相对独立，碉房间用小巷子相连，但随着人口的增加，碉房不断增建，很多碉房之间共用一堵石墙，或搭建木偏楼相连，形成过街楼。各户均可通往邻家，使全寨形成互有联络的整体。背靠高山、面临河流，复杂的街道布局和碉楼、碉房高耸的优势，加之屋顶间方便的连通和可供逃生的水系，构成了堡垒般的防御体系，俗称“小石城”。

由于大量过街楼遮挡，寨内的道路多为2～3米宽，狭窄、黑暗的巷道，道路交叉口天井般的空隙是仅有的采光。强烈的明暗效果和石阶、入口、过街楼等共同组成丰富的空间感受，过街楼立面饰以精美的木雕，充分体现了羌族建筑的成就。

桃坪现存两座碉楼，是从前用来储备粮食和躲避的战备碉，为7层和9层。平面矩形，其顶部设有照楼，称“椅子顶”，并在顶层下面的石墙上外挑木梁、架木板，形成可远望和祭祀的挑台。

理县桃坪羌寨民居与碉楼

官寨衙门城堡

自汉代形成军事防御、民居、祭祀一体的羌族传统建筑不断完善、提升，在几千年的发展中，居于大山深处的羌民对历代王朝既依附又各自为政、自我管理。因为朝廷常常鞭长莫及，县城之外的乡村基本上是当地部族首领、土司等直接管制。因此，大大小小的首领、土司便将自己的官寨衙门建成邛笼式建筑并与村寨连成一体，形成一系列既有官寨衙门政治统治功能又有军事防御、宗教祭祀、交易市场、私塾学堂、居家生活等综合功能的城堡式中心。直到1949年时还保留完整的比较大的官寨衙门城堡有茂县曲谷河西寨王泰昌官寨城堡、茂县小北乡（今白溪乡）罗顶寨刘氏官寨衙门城堡以及汶川瓦寺土司官寨城堡、理县甘堡桑氏官寨城堡等十余座。

茂县曲谷河西寨王泰昌官寨城堡

茂县的河西村有四寨，呈三角形布局，官寨位于三角形中心的一缓坡上，四寨围绕，远看如一座城堡，凸显出主人高贵的身份。整个官寨占地面积约600平方米，高约20米，分6层，外部为石质结构，内部除墙体外基本为木质结构，兼有羌、汉、藏族的建筑特点。官寨平面呈正方形，坐西朝东开门，但底层平面因分台构筑不完整，且又为畜养空间，二层大门实际为坐北朝南开门。从二层进门为一天井，与汉族建筑中的天井相似，既可采光，也可排烟。每层有专门的木制涧水槽排水，对细节构件的处理手法细腻。内部采取石砌与木构相结合的空间分割手法，石砌墙既分割主要空间又起承重作用。揳入石墙体的木梁，均取

"5"数，如5寸、1尺5寸等，据当地人解释，"5"是"武"的谐音，是羌人尚武精神的表现，则更突出土司在羌族社会中的崇高地位。整座建筑围绕天井展开，房屋众多，布局合理，空间充裕，门、窗、围栏均为木质，每扇门及围栏上都有木雕装饰，镂空雕、浅浮雕等手法并存，汉文化特征明显。窗户狭小规整，尺寸一致，不同于一般羌民的窗户，从表面上看，有藏族建筑风格的影响，因为河西村所处的曲谷乡毗邻黑水藏区，相互之间的交流甚多。

由于近现代火炮的引进，碉楼的防御功能大大减弱，民族间的交往融合使羌族古老信仰文化也发生了多元并蓄的状态，加之长期战乱，经济凋敝，难以支撑大规模建筑，所以到民国时基本停止了碉楼新建与发展。历经1933年叠溪7.5级特大地震破坏、20世纪50年代后大量拆除其石料用于改土造梯田、20世纪80年代以来部分石料用于建新房改善居住条件等原因，历经千年历史的碉楼大量减少，曾经辉煌的建筑文化严重衰落。

垒石砌墙技术

羌族至今传承着古老的垒石砌墙技术。碉房的建造要经过多道程序。修建时，充分依照地形来设计建筑格局，建筑材料就是山上随处可见的片麻石和当地的黄泥。

施工时先在地面掘屋基。屋基根据所要建的房屋的高度来确定深浅。一般三四层的住房屋基深为5尺左右，修筑碉楼的屋基则深约2丈，即有1层至2层房在坡地平面之下。屋基宽度也以修建高度而定，一般为2尺至1米，最宽的达两米以上。

羌人建房就地取材，图为采石场面

在挖好的屋基沟中以石砌就，用拌好的黄泥浆涂于石片上，层层堆砌，使泥石相胶合。石墙自下而上逐渐减薄，墙的内侧与地面垂直，外侧则稍向内倾斜。两个平行的石上部中间面砌一石，其缝处加以小石和黄泥，起拉紧加固的作用。所用石块大小方圆配搭有序，以保证牢固和平滑美观。

砌墙

砌墙每达丈余时，便架直径约15厘米的大梁，其上再加小梁，小梁均以奇数放置，再在其上放置木板，层层皆然。修至最高层时，所架木梁伸出墙外，构成房檐，以保护墙壁和加宽房顶面。墙顶部皆放石板，以保护墙体、防盗。楼顶层在大梁之上放小梁，小梁之上再放置笔直的小原木，一般须为柏杨木，再其上放置规则和不规则的木片，再放树枝、青苔等，之上再覆盖黄泥，用大木扁捶打紧实。如此，房顶覆盖物达7层，厚达2尺，一方面防寒、防热、防雨雪等；另一方面对墙体形成拉力和垂直压力，使整个房屋更加牢固。房顶平台两侧向中部倾斜，以木槽引水于外。这样的住房，不漏雨，冬暖夏凉，坚固耐久。

火塘是聚会的重要之地

▲

茂县雅都乡瓦子寨民居

居室功能

一般的住房为三至四层结构。楼层之间用独木做的锯齿状楼梯连接。一般底层为牲畜圈，二层是家庭的主要活动层，三层则主要用于储藏。房屋的主入口在二层，这是家庭的核心。室内划分较为随意，但一般都设有火塘、炉灶、神龛和卧室，是平时全家聚会、接待客人、欢庆歌舞以及举行祭祀的重要地方，内设神龛，供奉祖先、家神诸多神灵，并砌有火塘，火种终年不熄，有“万年火”之称。较为古老的房屋中心都有一根木柱，支撑木结构梁板，羌人称柱和其上的梁为“中柱神”“中梁神”。

三层空间较为矮小，主要放置粮食、腊肉、农具等。一般不

茂县甘青寨

屋顶的白石神

楼层之间的独木梯

住人，也偶有成年子女辟一隅卧室。正对二层火塘位置通常不设楼板，以形成吹拔，防火星上扬。碉房屋顶靠山的一侧通常有两米左右进深的小房间，称为“照楼”，用以储藏和半户外活动，三面石墙，南面开敞，下设楼梯连通三层。在照楼顶正中和两侧安放白石，以供奉神灵。

如今，随着人们生活水平的提高，人们修建房屋发生了很大变化，建筑材料上主要使用水泥、钢筋、砖块等，较少使用当地石块、木料和黄泥，在格局上也越来越倾向现代风格。

织绣衣裳

羌族服饰具有独特的款式和风格，这是适应当地自然环境的结果，也反映了羌族悠久的历史遗存和深厚的文化内涵，显示出丰富的审美情趣。羌族生活的区域，大部分地区为高山峡谷，且温差变化大，交通不便，如此使得各地区的羌族服饰形成了其形制大体相同而又缤纷多彩的特点。

羌族传统服饰的面料多为毛、棉、麻等织物。色彩因年龄不同有所变化，中老年人多为蓝色、黑色，年轻姑娘则喜欢艳丽的色彩。服饰的基本款式为：男女均包头帕，穿右衽长衫或长袍，男子的长衫、长袍过膝，女子的则长至脚背，长衫外套无领、无袖、无扣的羊皮坎肩。下穿长裤，打毪子绑腿或麻布绑腿。男女

理县蒲溪妇女服饰

茂县赤不苏妇女服饰

茂县三龙妇女儿童服饰

茂县雅都男子服饰

老少喜穿绣花鞋或云云鞋。腰间系有腰带、绣花围腰、绣花飘带等。男子还系裹肚、烟袋等。

织花带

心灵手巧的羌族妇女会在服饰上绣出千姿百态的纹样，她们不需图稿，便可信手绘成各种优美的图案，绣成绚丽多彩的成品。羌族刺绣工艺的传统针法灵活多样，如古老的锁绣针法、光洁亮丽的平针绣、层次丰富的掺针绣、如锦似缎的纳纱绣、大气整体的补花绣、装饰精巧的十字绣、工整朴素的缉针绣、简练精致的牵花绣等。刺绣时，大多采用棉线，有时也用彩色丝线。刺绣图案的种类与题材，主要

▲

刺绣

反映了羌族的生活或自然景物，所绣图案清秀精致、富含寓意，如“团花似锦”“鱼水和谐”“凤穿牡丹”“四羊识宝”“金瓜连环”“石榴送子”等。这些刺绣装饰，一是为了装点服饰，穿戴美观；二是可以增加服饰的耐磨性，延长其使用寿命；三是凝聚了羌族人民对美好生活的祈祷和祝福。

羌绣在羌族姑娘的服饰上无处不在 ▶

头帕

羌区各地的头帕略有不同。如茂县赤不苏一带的妇女盛行“一匹瓦”，瓦片状的青布上绣有花纹，用银牌、环扣点缀；理县蒲溪的妇女包头用黑色头帕，前端露出一块白色布块，称为“喜鹊头帕”；茂县黑虎的妇女以白布帕包头（被称为“万年孝”），传说是为了纪念民族英雄黑虎将军。

茂县黑虎妇女服饰

知识链接 **黑虎的“万年孝”** 在茂县黑虎乡，当地流传着这样一个传说：相传，居住在黑虎峡谷的羌民们一直过着男耕女织的生活。可在清代咸丰年间，这里的羌民时常遭到外来敌军的侵犯。此时，黑虎寨出了一位勇敢机智的羌民，他统率一批人马，制作滚石、弩箭等武器，并在黑虎鹰嘴河台建造了多座碉楼，打退了敌人的一次次来犯，保护着羌寨的安全，人们称他黑虎将军。可是有一次从黑水方向来了一股匪徒，黑虎将军身背弓箭，手执刀枪，在战斗中不幸中了敌人的毒箭，壮烈死去。噩耗传来，大家异常悲痛，含泪把他埋葬在黑虎寨主碉楼边的兰花烟地里。人们焚烧兰花烟，点香燃烛，以示纪念。而黑虎七族所有女性头戴用白布做成的虎头孝帕，成年男子则头裹青纱，以此为黑虎将军守孝。

茂县黑虎的“万年孝”

羊皮坎肩

俗称羊皮褂褂，是羌族最有特色的标志性服装，一般由羌族男子制作，用绵羊皮、山羊皮等做成。制作时先将生羊皮用水浸泡，经脱水、削刮、上油、踏扯、搓揉等工序，加工中不去毛，也不分层，只要达到使羊皮柔软适度即可。一件成人羊皮褂褂需要两张完整的羊皮料，缝纫的连线一般使用獐子、麂子皮、羊皮等割成的皮筋线。缝制时，做领口、开襟边、收腰围等方面都需要具备高超熟练的技艺。羊皮褂肩膀及门襟、下摆有均匀飞出的羊毛流苏。羊皮褂褂无领、无袖、无扣，质地坚实，韧性好，正反两面均可穿用。其用途十分广泛，秋冬季节或雨天时毛面贴身，可保暖防寒，春夏季节时则将皮面向外，劳动时可用于盖肩、垫背以负重，休息时又可用来垫坐或铺地作为毯子而卧。

羊皮坎肩

身穿羊皮坎肩的羌族男子

云云鞋

羌族妇女善于制作绣花鞋，其中以“云云鞋”最有特色，常被羌族的未婚姑娘作为定情信物送给小伙子。鞋用布料制作，形似小船，鞋尖微翘，面上绣有云纹图案。在羌区流传着许多关于“云云鞋”的神话传说故事，其中羌族叙事长诗《羌戈大战》中说道：

古代曾经有一支羌人在南迁途中，与戈基人发生了战争，且屡战屡败，就在羌人首领被抓走的危急时刻，他脚上的云云鞋突然带着他飞了起来，驾云而走。后来受到神的指点，羌人战胜了戈基人。

自此，羌人把云云鞋看成是吉祥鞋，认为穿着它能逢凶化吉、遇难呈祥。

云云鞋

花花鞋

绣鞋

裹肚 ▶

裹肚

又名“鼓肚子”，为羌族男子所用，将其系于腹部，既可存放钱物，又可护腹保暖。裹肚一般由妇女制作，呈倒三角形或梯形，面上绣有寓意吉祥的花纹或文字。

▲
围裙

特色饮食

羌族饮食与羌族的生活习惯与环境息息相关，总体上而言，羌族食材大多源于自产，如玉米、小麦、荞麦、豆类、洋芋等农作物，家中多饲养猪、羊、牛、鸡等，还有来自大山中的野菜与猎物。羌人利用一些简单的当地食材，采用并不繁复的制作工艺，在日常生活中创造了不少特色饮食。

洋芋糍粑

洋芋糍粑是一种以本地土豆为原料加工而成的食物，口感软糯。制作时先将土豆煮熟，剥皮，晾凉后放于木臼或石臼中反复

收获洋芋 ▶

捶捣，直到成为具有很强黏性的土豆泥，这就是洋芋糍粑。制作完成的洋芋糍粑具有类似糯米糍粑的弹性和黏性，具有独特的质感。洋芋糍粑的食用方法很多，用油

煎炸洋芋糍粑

凉拌洋芋糍粑

洋芋糍粑面汤

煎炸后，撒上白糖，口感外酥里糯，也可蘸着酸辣作料、蜂蜜等食用。其中最受欢迎的还是煮食，将洋芋糍粑切成块状放入锅中，佐以高山上采来的野菜“飘带葱”腌制出的特色酸菜，再放入小块腊肉油膘，食用时，可在碗中加入酱油、盐、葱等调料，就成了美味可口的洋芋糍粑面汤。

搅团

羌区多种玉米，且产量高，玉米是羌族的主食之一。搅团是一种以玉米为主料的食物。制作搅团时，需先将玉米磨制成细粉状，再将玉米粉撒入锅中的沸水，用筷子将其搅拌成糊状，此时就成为可食用的玉米面汤，但要制作搅团还需使面汤更浓稠，一

晾晒玉米

边加入玉米粉一边用筷子迅速搅拌，当筷子可夹起块状而不会滴落时的黏稠度为宜，如此搅团就制作而成。食用时，一般将搅团一节节切入沸水中，再加入白菜或圆根等制作的酸菜，一锅开胃可口的酸菜玉米面汤便烹制好了。

金裹银

金裹银是以大米和玉米面为主料的一种主食。做法就是在米饭将要煮熟时放入玉米面，焖几分钟，再用筷子均匀搅拌，蒸熟即可。由于大米是白色，玉米面是黄色，故而得名“金裹银”。此外，玉米还有其他多种食用方法，如磨碎的嫩玉米粒可做成玉米粑；嫩玉米苞可烤、蒸煮；玉米面，可蒸成玉米饭，称为面蒸蒸，还可做玉米馍、玉米粥、炕锅魁等。

晾晒的玉米

晾晒的玉米垛

做馍馍

火塘馍

凡面粉皆可用来烧制成火塘馍，如小麦、玉米、青稞等。玉米面、青稞面粉要用沸水和面，擀成饼状，饼内可夹入肉、菜等，也可在面中加入调味，然后埋入火塘灰中翻烧，当拍打馍时发出脆响声时为熟。小麦面馍的制作方法相同，只是不可拍打，以避免馍成糖心。

擀面

羌人原以面食为主，最早将小麦、青稞炒熟磨成粉，开水拌后即可食。后来盛行擀面，以小麦、青稞、荞麦面粉制成。以荞面为例，擀制荞面时，为使荞面条细、长、薄，可适当加些山上的野棉花。擀成后，沸水煮熟，拌以酸菜汤、肉末，再准备一碗根据个人口味喜好而制作的作料，将煮好的荞面捞入，拌匀即可食用。

擀面

羌腊肉

晾挂腊肉香肠

在羌寨，每家一般都要喂养几头猪，养猪并不需要多少劳动力，一个人足够，每天早晚喂养两次，饲料主要是玉米、土豆和野草。猪供家人食用，很少出售，将小猪崽饲养一年左右，每年冬季宰杀。在交通不便的高山村寨里，猪肉成为一个家庭这一年来最为主要的肉类食品。

鲜肉不易保存，山地民族对于如何能长期储藏猪肉自有一套方法。将肥猪宰杀后，人们将整猪去毛，将头和四肢分开，猪身首先要将背部的肉整个抽出来，称“背柳肉”，背柳上的两条里脊肉也会单独分出来，称为“柳干儿”，这是猪全身最好的部位。然后将剩下的分成两半，称“扇子肉”，骨骼、瘦肉和内脏也要分别整理。此外，清洗好的小肠用来做装香肠的肠衣，将瘦肉和肥肉按照适当的比例切成小肉块，和上自制的香料灌进肠衣，然后用麻绳一截截扎起来，香肠就算基本制作完成。以前羌人制作腊肉不放盐和任何香料，直接将肉块挂在火塘楼顶上，以火塘的烟熏即可。熏好的腊肉一般足够一个家庭整年的肉食，四肢则多留给老年人以及产妇炖食。

炒腊肉

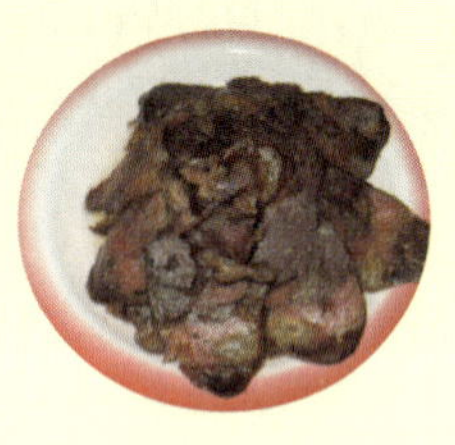

蒸香肠

酸菜

酸菜是羌人常用食品。尤其冬季，羌区许多地方被积雪覆盖，田地结冻，少有绿色蔬菜，野菜在冬季也难以采集，因而各家都会提前制作酸菜，这些酸菜保证了整个冬天蔬菜短缺的问题，有的可以储存三年以上都不会变味。做酸菜的主要原料如大白菜、莴笋、卷心白菜、圆根叶子等，还有许多山里的野菜，如“飘带葱”（因为此菜外形与羌族服饰中的飘带十分相像，故得此名）、水芹菜、荠子叶等。制作时，将菜洗净，晒萎置于沸水中焯去苦涩味，渗入少许玉米面粉拌和，再叠压于干净的缸中，用石块压紧，数日后即可食用。腌制好的酸菜耐贮藏，味道独特，可以直接食用，也可以和其他食物任意搭配，如炒腊肉、炒土豆、煮洋芋糍粑和搅团等。

尔玛喜

羌人在待客、婚嫁、羌历年、庆典以及各类祭祀活动中都离不开尔玛喜，汉语称咂酒。制作时，将青稞、小麦、玉米等煮熟后晾于簸箕内，拌和酒曲，盛入大锅或大木盆中，盖上保温物，发酵一两天后再装入坛中，用黄泥封坛口，保温十余天即成。存

尔玛喜开坛

放期愈长愈好，其味醇净，回味甘甜悠长，其营养丰富，酒性温和，老少咸宜。其中，以每年农历九月酿制的重阳酒最好。饮时，向坛中掺入温开水，插入麦管或竹管咂吸酒液，而得汉名咂酒。喝咂酒时，由释比或年长者致开坛词，以祝福吉祥。之后，众人依辈分、年龄等吸饮，大家可围着篝火，边跳边唱边喝酒，边饮边掺开水，饮至坛底酒尽为止。曾有诗句“五岳抱住擎天柱，吸尽黄河水倒流”来形容人们喝咂酒的景致。此外，也可将酒液存储至其他容器中以便随时饮用。

生命礼仪

初生之仪

孩子出生后，女婿要携礼向岳母家报喜。亲友要来送祝米，带着衣物、鸡蛋、猪腿等来祝贺。有的地方，有生子后在门前挂靴的习俗，若生女，鞋面向上，若生男，鞋面朝下；有的地方，若生女，在门外墙壁挂筛子，若生男，挂犁头枷担。生子后，要请释比祝福，忌讳生人到家。孩子满月和满岁后，家人还要宴请亲友吃“满月酒”和“满岁酒”。

知识链接 **送祝米的传说** 有一年，大片竹子开了花，结了果，一串串的，就像谷子一样，族人们认为是竹子结了米，于是把竹子结的果摘了回来当米吃。当时寨子里有一位妇女刚生了小孩，族人准备把这像是米的竹子果摘回来送给她吃。在送的途中，族人遇到了一位不知情的人，那人问他们：“你们到哪儿去？”族人们就告诉他：“我们去给那户坐月子的人家送点竹米。”当年，族人们就把竹米收藏起来，只要有妇女生产，寨子里的妇女就去给她“送竹米”。后来当年开了花的竹子全部死了，来年长出了新的嫩竹，没有了竹米。于是，人们就用米来代替竹米，“祝米”是其谐音，有贺喜之意。久而久之，送祝米的习俗传到了今天。

成年冠礼

旧时羌族男子在年满15周岁时要举行冠礼。一般在农历十月至十二月举行。届时，请来亲朋好友，受冠礼者身着新衣，朝神

青年冠礼

龛下跪叩拜，释比用白色公羊毛线拴系的五色布条系于其脖上，作为其护身符。

婚嫁之仪

羌族男女成年后，可通过自由恋爱选择配偶组建新家庭。婚嫁仪式主要有订婚和结婚。在羌寨，媒人被称为“红爷”。如果男子对女子有意，男方家就会备礼，请红爷到女方家提亲。女方家要征得母舅同意才可允婚。之后，红爷会带上猪膘、酒等礼物，去女方家吃“许口酒”。

每到秋冬农闲时节，这样火红的送亲队伍在羌乡会经常遇到

迎亲队伍

数月或数年后，男方家又请红爷携礼到女方家，以“小订酒”招待近亲，并请释比测算双方生辰八字，定下结婚吉日。随即，男方家要备重礼前往女家报期，并在女家办酒席，即“大订酒”，作

为正式订婚礼，欢宴女方整个家族。此后，两家开始婚礼筹备，期待着“女方家花夜、男方家正宴”好日子的到来。

“花夜”意即为新人举办的喜庆晚会，是结婚最为隆重的一道程序。一般在娶嫁的前一天晚上举行，男方办的叫“男花夜”，女方办的叫“女花夜”，男的庆祝娶妻，女的欢送出嫁。这一天，女方家高朋满座，桌上放着咂酒和12盘“干盘子”（即花生、核桃、红枣、柿子、苹果、橘子、糖果等，饱含圆满、吉祥、喜庆之意）。男方家派出的能说会道的迎亲队伍会受到

羌族婚礼坝坝宴

拜堂

甜蜜新人

热情的款待。双方要按照习俗进行盘歌比赛。盘歌即以歌盘问之意，方式为一问一答，所唱内容广泛，形式随意而风趣。

次日清晨，舅舅给身穿嫁衣的新娘披上红绸，新娘哭嫁，拜别父母、兄长和族人。到男方家门口，释比要做祭祀神灵的仪式，驱赶附在新娘身上的“煞气”后，再向新人祝福。众人为新人举行“挂羌红”仪式。新人在神龛前行礼，一拜祖宗创业恩，二拜父母养育恩，三拜夫妻偕白头，四拜子孙个个强，再拜亲人和宾客，最后夫妻对拜。拜堂后新娘就正式成为男家的人了。随后，众人欢宴。当晚，男家父母点香敬神，对新人祝福。所有来宾在院坝围着熊熊篝火跳起欢快的莎朗舞。

次日即谢客日，主人再备两桌宴席“谢客”。新人要带一个

知识链接 **挂羌红** 羌族对红色的喜爱更多源自对火的崇拜以及对太阳的崇尚。挂羌红是羌族的最高礼仪，适用于羌人认为比较重要且适合的场合，寓意吉祥。羌人最初挂羌红的习俗源自于欢迎远征凯旋的将士的仪式，具有感谢、慰问的含义。之后，随着社会的发展，挂羌红逐渐被应用到更多的日常生活中，挂羌红的对象包括：族人所信奉崇敬的神像，地方头领、部族中有威望权势的人，结婚时的新郎新娘，应邀的外来贵宾等。挂羌红时使用红布或红绸，过去使用的红布一般是长度在6尺以上的红色粗布或粗纱，现在则普遍使用红绸。挂羌红的方法遵循男左女右的成规，即给男性挂羌红时，羌人双手捧着一条长度约为2米的红绸来到客人面前，将红绸从其左肩斜挂于右肋下，在右胯骨附近松松地挽一个小结，余下的红绸则自然垂于右下方；给女性挂羌红时，则从其右肩斜挂于左肋下，在左胯骨附近挽一个小结，余下的红绸则自然垂于左下方。

挂红祝福

猪头、一根猪尾巴感谢红爷，表示有头有尾，圆圆满满。

婚后第三天，新婚夫妇要“回门”。由新郎及弟兄背着酒肉送新娘回家。新郎仅在女方家小住几日，而新娘可以住数日、数月，甚至更长的时间，才由丈夫接回，开始家庭生活。

丧葬之仪

羌人去世后，要举行隆重的丧葬仪式。羌族的葬式有火葬、土葬、水葬、岩葬等。其中火葬的历史最为悠久，自先秦以来，古羌人就以火葬为主要的丧葬形式。《吕氏春秋》记：“氐羌之民，其虏也，不忧其系垒，而忧其死不焚也，皆成乎邪也。”大意为：对他们来说，生前成为战俘或奴隶并不可怕或值得担忧，而真正令他们担忧害怕的是死后不能实行火葬。至今，在茂县沙坝、赤不苏、较场等地仍实施火葬，每个家族有自己的火坟场。

清康熙四十二年（1703）后，羌族大部分地区由于受汉族影响，以及封建王朝的提倡，土葬逐渐成为羌族的主要葬式，而火葬则为非正常死亡者的葬式。

各村寨都有遇丧不请自到、协助料理丧事的习俗。丧家需及时通报亲属，向母舅家禀告逝者去世前后的情况，请释比杀羊祭祀、测算下葬时日。一般三天之后，众人在风水宝地下葬逝者。其家人要在新坟前点篝火，烧柏枝，敬香蜡、烟酒、肉类，以示祭奠。葬后三日，再备祭品，并修整墓地。到此时，丧葬礼仪才告结束。

火葬

如汶川县龙溪乡阿尔羌寨的葬礼是这样的：

阿尔羌寨的丧葬有火葬和土葬两种方式。每个家族都有自己的火葬场，如果死者非正常死亡如凶死、传染病死亡等情况需要火葬。大多情况采用土葬的方式。

整理死者遗体，布置棺材 若是老人久病不愈，不吃不喝，家人就要开始准备后事，在老人临死之前，给他剃发净身，穿上寿衣。老人故去后，子女和四大门亲先到场。首先用猪油裹上一小块银子放入死者的口中，称“口含银”，整理死者衣服，把死者置于棺木盖上，用草纸做枕头，用干净毛巾将脸遮住。在这期间，亲人布置棺材，在棺材里按死者的年龄放纸钱和碱灰（即火塘里的灰），死者有多大年龄就在棺材里放多少张纸钱和多少杯灰，再把子女亲手绣好的里装柏木枝叶的枕头放好。

跳丧舞

烧刀头纸 把死者放在棺材盖上，在棺材盖前放一升粮食、点一对蜡、一炷香，孝子们跪在死者面前边哭边烧刀头纸。将刀头纸灰烬装在袋子里，挂在死者胸前，再装一个馍，意思是死者在到阴间的路上有钱用、有馍吃。

入棺 在堂屋放两条长凳，把棺材置于其上，棺材正前的桌子上放一升粮食，其上插一对蜡、一炷香。将死者放入棺材内，盖上棺盖。在棺材下面放一把稻草和一盏油灯，棺材上面搭一把麻丝和死者生前穿过的几件衣服。

杀落气羊 在死者生前未落气的时候，让他摸一下羊的角，这代表人永远在世，让羊来代替他的死。当死者放入棺材后，在棺材旁杀落气羊，这一切由释比念经主持。

之后，主家通知亲戚朋友，文笔先生写灵位、对联、执事名单，释比老人推算下葬的时间和地点，安排各项执事人准备丧葬一切事宜。

挖墓地 第二天，释比和一行人带着祭祀用品到埋葬地挖墓地。到墓地以后，释比老人敬香点蜡，念经“办交涉”（即与神沟通），请示土地神，鸣炮，告诉众人应如何挖墓地。

杀解罪羊 由于死者在世时曾在山上打猎、采药等，有很多得罪山神的地方，通过杀羊来祭拜山神菩萨，请求原谅，一切罪过让这只羊来承担。

杀解罪羊

释比老人带着羊皮鼓队和皇伞队（在伞上搭着五颜六色的各种羌绣）接去买丧事物品的人和货，鸣炮、跳羊皮鼓、跳丧事舞蹈，皇伞队随后，释比举行“开笼”仪式，给天地和死者敬酒。然后，一行人回到死者家，羊皮鼓队一直跳着羊皮鼓舞。

羊皮鼓队和皇伞队

办大夜 晚上，亲戚朋友在死者家里围着棺材跳舞，主家和舅家对坐，唱死者一生，直到天亮。

送老归山 孝子和亲友与死者告别。出殡。释比老人念经，和羊皮鼓队一起请师祖师爷，希望在天之灵，保佑徒弟能做好法、念好经给这位死者送终。然后释比做法事活动给羊皮鼓队队员“打钎”（释比把钢针从队员左脸的嘴边扎进去，从嘴里取出来），跳几圈后取出钢针，再围着棺材跳，祈福完毕。男女老少顶着皇伞开始跳丧事舞蹈。期间，释比给死者做告别，把死者去世后披在棺材上的几件衣服扔给子女和晚辈，代表死者留给后人的念想儿，给大家扔馍、扔喜分钱。最后，释比代表主家对大家表示感谢。

出殡

砌坟

验棺、下葬 由死者家人请死者舅家验棺，检查是否忘记该装的物品等，并与死者做最后的告别；之后按照程序给死者下葬、砌坟。此后三天的每个下午，孝子们要到死者坟前，生火、点香、燃蜡、烧纸钱，与他做伴。三天内，烧掉所有的花圈和抬棺材的龙杆。

办百期 老人去世后一百天内，有一个“办百期”的习俗，重要亲友到场，主家准备一只羊，在死者坟前烧香、烧纸祭拜。

三年祭 老人去世后，孝子三个月不刮胡子、不理发。家人守孝三年。三年内，过年不贴红色对联，不打扫楼梁和房屋内墙体上的各个角落，不能装修房子，不能办婚礼。满三周年，家人请老人的舅家和重要亲友给老人办一个三周年祭祀活动。主家准备羊、香、蜡、纸、鞭炮等，敲锣打鼓，吹响唢呐，到老人的坟前祭拜。

知识链接 **民间禁忌** 羌族民间存有一些禁忌，如：火塘是神圣的，任何人不得跨越火塘，不能在火塘边吵架或说不吉利的话；火塘边座位男女有别，坐错了会得罪火神；家中有人生病，忌见生人，要在家门外立一条板凳，以谢绝外人进入；正月初一忌大声叫骂，不能动用火钳、绳子和菜刀；禁止妇女参加重要的宗教活动；孕妇不能进新婚夫妇的新房，怕压喜；新娘出嫁时不能回头看，以避免招来霉运失财；孩子未满月前，妇女不得入灶房，否则会得罪灶神和家神。

民族节日

羌族也过春节、清明、端午、中秋、重阳等节日，但最有特色的，当数羌年、瓦尔俄足节等。其传统节日，大多与岁时历法、农事活动和宗教信仰有关。

春节

羌族非常重视春节，又称“过大年”，是羌族人家团年的重要日子。从农历腊月二十三起，家家户户就要扫尘、敬灶，备好丰盛的年货。除夕之夜，要用猪头敬献祖先和神灵。全

敬“火塘神”

丰盛的团年饭

家人坐在一起热热闹闹地吃团年饭，再围坐在火塘四周守岁。一般情况下，正月初一不劳动，不串门。初二开始亲戚朋友之间的走访及宴请宾客。正月十五闹元宵，正月三十要送年。家家户户张灯结彩，举办各种娱乐活动。

羌年

羌年，是羌族喜庆丰收、祭拜神灵与祖先、向神还愿、祈求平安的重要传统节日。每年农历十月初一举行，各地欢庆的时间长短不一，一般为三至五天，有的村寨要过到初十。主要的活动是还愿敬神和吃宴席。羌年在20世纪80年代曾一度停止，1988年恢复，成为羌族人民共同的节日。在羌区各地，每年都要举行各种庆祝活动。

释比在做太阳馍和月亮馍

羌年形成历史悠久。关于“羌年”最早的文献记载，源于明末清初著名的思想家顾炎武。在其早

释比开坛

释比给羊皮鼓解秽

释比跪拜请神

年所著的《天下郡国利病书·蜀中边防记》中，顾炎武引用《四夷风俗考》道：维州诸羌“岁时不用官历，知岁时者为端公，如辰年则画十二龙，或卧或行，因形而推之，它像亦然”。并说，以此“推算日月食及甲子建除，毫厘不差。大率以十月为一岁”。这说明羌族社会以前存在一种与汉族农历不一样的羌族历算方法，羌年即根据羌历推算而来，后来才逐渐使用农历。而在羌族口头传承的释比经典中，也有不少涉及羌年的内容。如羌族释比经典中的《安家神》记载：“十月之时敬神时，刀头再加猪油饼，神要先吃再凡人。三十初一是过年，先没敬神不敢吃，神要先吃再凡人，神要先喝再凡人。”汶川雁门释比经典《木吉卓》也道：“九月三十吉祥日，羌人普谢天神恩。屈指吉期将临近，家家户户忙不迭。”羌族史诗《凿》则明确记载：“十月初一是羌年，村村寨寨还大愿。村村庙宇刷白泥，换上新装好过年。”

过羌年时，全寨人要在释比的主持下举行隆重的祭神还愿仪式，人们抬着月亮馍馍、太阳馍馍、咂酒、肉、香烛等祭品到山中，释比敲响羊皮鼓，念唱释比经，杀羊敬祭天神、山神和寨神等各方神灵。仪式结束后，全寨人一起吃团圆饭，喝咂酒，跳莎朗舞。夜晚，每家户主主持祭拜祖宗仪式，敬献各类祭品和供品。

茂县雅都乡瓦子寨牛王节给牛角抹油

牛王节上祭拜神灵

节日期间，亲友互访道贺，饮自酿的砸酒，唱歌跳舞，举行推杆比赛等活动。

此外，农历十月初一，在一些羌族地区如理县蒲溪、茂县赤不苏等地，原本就过“牛王节”，由于这些地区羌年时间与牛王节时间重合，因此，羌年也叫“牛王节”。

通过庆祝羌年，羌族的传统、历史积淀和文化信息得以继承和传播，族人的社会风俗得以巩固，羌族人民也借以表达了对所有生灵、对祖先的尊重与崇拜。然而，近年来，由于人们的迁徙活动日益频繁，年轻人对羌族传统文化的兴趣不断减弱，加之外来文化的冲击，村寨里庆祝传统羌年的人越来越少。如今，政府部门积极加入到羌年的活动中，往往在城镇、县城等地方举办羌年，成为羌民族弘扬民族文化、展示经济文化建设成果、开展经济交流的盛大活动。

2008年6月，在国务院批准文化部确定的《第二批国家级非物质文化遗产名录》中，四川省茂县、汶川县、理县以及北川羌族自治县申报的“羌年”被列入国家级非物质文化遗产的民俗类型之中。2009年，在阿联酋召开的联合国教科文组织保护非物质文化遗产政府间委员会第四次会议上，羌年被正式批准列入联合国《急需保护的非物质文化遗产名录》。

瓦尔俄足节

羌族瓦尔俄足节，汉语俗称歌仙节、领歌节，是居住在四川省阿坝藏族羌族自治州茂县曲谷乡西湖寨、河西村的羌族，传说

瓦尔俄足节

知识链接 **瓦尔俄足节的由来** 关于瓦尔俄足节的由来，当地有不少传说。其中流传较为广泛的是说，在很早以前，西湖寨是没有“瓦尔俄足”这种活动的，直到寨中出了一位名叫克波的年轻人。英俊的克波是远近闻名的好猎手。有一年，他只要上山打猎，就会听到传说中神仙居住的尔米竹山中有美丽动听的歌声传来，那歌声悠扬婉转，让他听得如痴如醉。于是，他每天都追着歌声寻找，经过了很多个日子后，才终于在山里一片开满野花的草坪上发现了一双绣有美丽云朵图案的云云鞋。

克波一直守着它，直到有一天，鞋子突然穿在了一位美丽无比的仙女脚上，他看见后，马上跑过去，请求她教自己和寨子里的人唱歌，仙女同意了，于是他们便相约把每年的农历五月初五定为教歌的日子，一到时间，就由猎人将全寨的男女召集起来，到山中学习唱歌。后来，猎人和仙女在长期的来往中由歌声传情，结为夫妻，生下了一个叫白山湖的儿子。又不知过了多少年，因歌声给全寨人带来了欢乐，让大家都学会了用歌声传情达意，人们为了感谢猎人和仙女让她们学会了唱歌跳舞，便封仙女为“莎朗女神”，还在尔米竹山上曾经教他们唱歌的地方修建了纪念仙女的尔米竹纳格西（纳格西：羌语，意为塔子），又在其他地方修起了纪念猎人克波的吁嘿斯纳格西，和纪念他们儿子的白山湖纳格西，之后，又约定在每年的五月初五开展“瓦尔俄足”活动，全寨人都要在那天上山祭祀，在仙女塔用唱歌对歌的方式表达心中的怀念，并祈求女神保佑全寨人风调雨顺，平安无事。

向祭塔敬献贡品

为祭祀天上的歌舞女神莎朗姐，在每年农历五月举行的一个民俗活动。因羌族女性为活动的主要角色，当地人又称之为妇女节。

农历五月初三，由会首组织数名妇女，手拿香、蜡、酒、柏香、馍、刀头等祭祀品，结队前往女神梁子的石塔前，敬祀歌舞女神莎朗姐，请女神赐以歌舞，谓之“引歌”。回到村里，再逐户告知信息，谓之“接歌”。五月初四，妇女们忙碌地准备美食，以备第二天食用；未婚女性则精心为情人准备亲手绣制的礼物。初五清晨，在晨曦朝阳中，开启尘封的重阳咂

妇女们跳起欢快的舞蹈

酒，祝福全寨人畜两旺、五谷丰登。莎朗是活动的主要内容，莎朗由老年妇女领跳，之后，再逐一将歌舞传授给下一代。男人们则以歌舞附之，并以腊肉、咂酒、馍馍等食品伺候。活动的间歇，已婚妇女向青年女性传授持家之道等知识。或有情人漫步私语；或女性间相互笑谈。累了，妇女们三三两两围坐一团，相互品尝美食，畅饮咂酒，笑谈人生。整个节日活动持续3天时间。在3天欢庆中，妇女们尽显其能，忘情欢跳莎朗，农事和家务事皆由男性羌民操持。依照传统古规，若寨里有13岁至50岁的女性死亡，当年将不会举办瓦尔俄足节。

2006年，四川省阿坝藏族羌族自治州申报的羌族瓦尔俄足节被列入第一批国家级非物质文化遗产的民俗类型之中。

羌医羌药

羌族居住的川西北地区，山峦起伏，河流纵横，林木丰茂，常有珍禽异兽出没山林。这里人烟稀少，地理环境复杂，气候条件多变，海拔高度在900~5 250米之间，适宜多种动植物的生长，故出产各种名贵和地道药材。羌区历来是冬虫夏草、贝母、大黄、甘松、羌活、杜仲、独活等川产地道药材的重要供应地。

如甘松，《本草纲目》有云：“产于川西松州（今四川松潘），其味甘，故名。”在海拔4 500~5 000米左右的草甸地带，还生长着雪莲花、雪灵芝、雪茶等名贵药草。

羌活

佛掌参

药材生产经营是羌族的传统产业。端午挖贝母，立秋挖羌活、大黄、独活、黄芪、秦艽等。羌族民间早有栽培大黄、柴胡等药用植物的习惯，20世纪60年代以后，在国家的扶持下，羌族地区扩大了贝母、薯蓣、黄芪、大黄等药材的栽培生产。

羌族地区药用植物的治疗和使用与羌族聚居地区的生态环境、羌族生活条件与方式有相应关系。因为羌族居住在高山峡谷，山路崎岖，劳事繁重，骨折脱臼，时有发生。羌医在这方面的经验特别丰富，酒药理筋，草药敷洗，夹板固定，续筋按骨，两月即愈，功效奇特，但它秘不外传。羌族以狩猎、农事为本，在刀伤、枪伤、毒蛇致伤的医疗方面，止血快、不感染、疗程短、疗效高，堪称绝活。在功效主治上，羌药治疗疾病的类型以祛风湿类、跌打类和温补类品种为多且用量大；从药性上，羌药中热性药及峻猛有毒药较多。

羌医药知识很少以医疗典籍的形式出现，其主要是以家传或师承方式，通过言传口授、方药对换等方法传授给后人。这就形成了一些以家族或者师门为传承单位的特色疗法。习业者在实践中逐步认识药物，熟悉药性，掌握药物的生长特性、采集季节，炮制加工技术和内外治疗方法等实际经验，使得医药合一的羌医羌药在民间世代传授。

羌医常用的治疗方法有挑刺、放血、打通杆、针灸、推拿、按摩、刮痧、拔火罐。以骨科推拿、羊皮疗法、艾灸疗法、熏蒸疗法最具特色。羌族“骨科推拿手法”，即羌医采用多种手法和治法作用于患者体表的不同部位进行检查和治疗的一种外治法，它具有见效快、疗效高、运用方便等优点，针对头、腹、关节痛、肩背酸痛、外力所致红肿疼痛、各类肌粘连、血脉疲滞疼痛、关节错位以及肢体麻木等各种肌肉骨伤疼痛，可获得良好的治疗效果。又如有种治疗方式为“断灯花”，主要是由麝香、兽骨末和草药末做成像油灯心一样形状的药品，再用油灯点燃起明火，然后直接点烧在患者的各个穴位和患处。

茂县中医院羌医朱元德为病人配药

羌医用药具有独特风格，其药物组合多为个人经验积累，无应用的统一标准和固定原则，善用单方、验方、秘方治疗疾病。在药物的使用上，多系本地野生药物，干鲜并用，多数不需炮制而直接使用，有新鲜、味浓、治疗效果好等特点，只有外用药物和剧毒药物才进行加工炮制。虽然四川省境内的羌族地区分布着大量丰富的医药资源，许多药材在中医药中也有利用，但在羌医药中却有着自身独特的用法。如：羌活的使用方法和汉族的中医不同，是将羌活根部晒干捣烂，研制成粉末，再用纸卷卷成烟状，以抽烟的方式去治疗风寒感冒、咳嗽头痛、咽喉痛、四肢酸痛等症状。

此外，羌族医药的渊源与其独特的“巫医一体”的“释比”宗教文化有着密不可分的关系。清代的《汶志纪略》中曾记载“羌人病不服药，以祷为事”，是说羌人生病了不吃药，请来巫师——释比，点燃香烛、篝火，跳神，祈祷，求神除病消灾，念羌咒语，杀鸡洒血，碗化神水，降魔祛病。“羌人病不服药”之说实无根据，但羌族释比至今仍承担着祛病的角色却是事实，他们对不同症状会采用不同的方法，例如踩犁铧、招魂、送血光、送花盘等。释比被认为能通神治鬼，一些不明缘由的病症常会被视作是由某种神异力量所导致，需要释比来疏通人与这种神异力

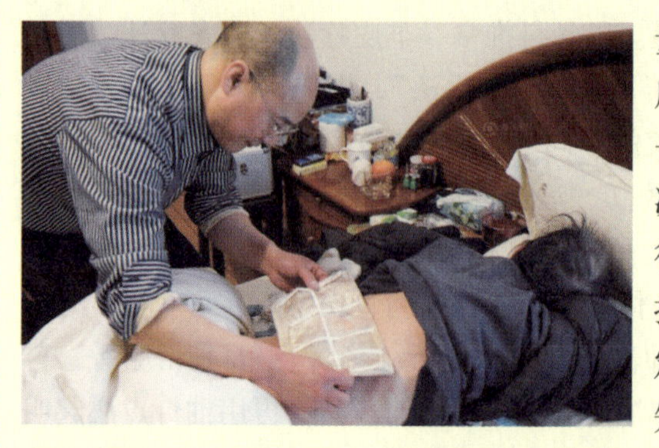

羌医杨福寿给病人贴羌药

量的关系。释比之所以在交通不便，长期缺医少药的状况下的羌族村寨中得到山民的信仰和拥戴，与其具备一定的羌族传统医药知识和经验的治疗作用是密切相关的。如汶川县巴夺寨的朱金龙是古羌释比文化传承人，同时也是当地知名的以家族传承的骨科民间羌医，现在是家族的第十代传承人。每当村里男女老少有骨折、关节脱位移位、韧带拉伤扭伤、摔伤等病症时，都会请他医治。朱金龙没有先进的医疗器械，全靠祖传方法配制的中药和两只手来摸骨治病。治疗方法比较简单，推、拉、摸、扎火罐、用树皮和木板固定骨伤部位。治疗设备也是本地材料，例如火罐、油灯、花椒刺

知识链接

释比踩犁铧祛病 如果有人患腹部肿胀或肚痛、心痛等方面的疾病时，到医院去检查却不明病因，吃药又不怎么起效，羌人把这种病叫“齷齪”，羌语叫“麻唆”。这时，人们会请释比“踩犁铧”做法事来医治。首先释比要通过看水碗和水中立柱之后才决定是否做法事，并推算出适合的日子。到了那天，释比到病人家，先对着犁铧给一碗水做法事，把犁铧放进火塘里烧，让病人坐在火塘旁，以便治病，然后，释比敬神。犁铧要烧得越红越好，释比将高温的犁铧从火塘里取出，用做好法事的水点一口在火红的犁铧上，手拿几张纸钱，边念经边用手在犁铧上画来画去，然后用手里的纸钱在高温的犁铧上试探是否念经做法到位。如果做法到位，用薄纸钱在高温的犁铧上反复擦，纸钱是不会燃烧的，这时释比就有把握用脚踩并用舌头去舔烧红的犁铧。释比用舌头去舔、赤脚去踩高温犁铧，用在犁铧上踩过的脚从病人的胸口踩到下腹，用在高温犁铧上舔过的舌头从病人的胸口舔到下腹，再让病人把那碗水喝下。然后，释比一边念经，一边用几张纸钱在病人身上从头擦到脚，让病人在擦完的纸钱上吐几口唾液，之后，释比把纸钱拿到门外烧掉。这就是释比踩犁铧祛病的方式。

看水碗 释比做法事的内容之一。释比盛一碗水，水里放几粒青稞籽和纸钱团，然后，念经看水碗里的变化。

水中立柱 释比做法事的内容之一。柱是一根筷子，释比念经作法后那筷子会在水中立起来。

或竹钎、开水、酒、绷带等。

释比踩犁铧

羌医多属民间医生，如今羌族医疗人员有的以研究所、诊所、村卫生室及个体医室为基地，运用羌医药知识技能为病人诊治疾病，开展继承研究、发展羌医药的各种工作。目前，四川省已有羌医院和专科门诊5个，还有三大羌医药研究中心。茂县羌医药研究中心，于1992年成立，为羌医药的发展提供了良好的研究平台。成都羌医药研究所正在挖掘、梳理羌族医学的脉络，为更好地用于临床实践。汶川县威州羌医骨伤科医院以羌医骨伤科的民族疗法为特色，自制羌医药十余种，其中以七·七活络灵、小鸡接骨膏、羌药止痛散、羌药接骨散、羌药软坚散、羌药痛风膏、羌药外擦酒等药临床疗效较为显著。

民间体育

羌族民间体育种类繁多，如推杆、抱蛋、摔跤、转转秋、仰卧抱杆起、扭棍子等，在竞技中充满了娱乐性。

推杆

推杆是羌族传统体育中最有特点的项目，一般会出现在羌族的传统节日如羌年、祭山会中，同时也是羌族婚礼习俗之一，在羌族婚宴上，羌人会穿上特有的服饰与新郎推杆，以此祝福新郎身体健康，多子多福。

知识链接 **关于羌族推杆的来源** 关于羌族推杆的起源说法不一，其中起源于羌人与戈基人之间的战争这一说法流传最为广泛。相传在1000多年前羌人南移至岷江上游，受到戈基人的侵犯，他们为了抵抗侵略保卫家园，组织了一支手持长矛的敢死队，但由于羌族士兵大都是农民不会打仗，这时神明帮助了人，羌人用长枪与白石击败了戈基人，成功地保卫了羌寨。为了庆祝这次伟大的胜利，寨主为勇士们设宴庆功，在庆功会上，谦虚的勇士们谁也不愿意说出自己的战功。为了找出谁是英雄，寨主想出了一个主意，把勇士们使用的长矛的矛头取下，用长矛柄做木杆，以推杆的方法进行较力，最终把力气最大的勇士选拔了出来。因为他的力气最大，所以羌人就认为他的战功一定最为卓越，羌族人们就尊他为英雄，大伙都来给他敬酒，以示祝贺。后来这种以推杆为形式的较力比赛就流传了下来，并成为如今羌族人民十分喜欢的推杆运动。

由于羌族推杆的开展不受场地限制，而且简单易学，所以羌族人民特别喜欢。推杆对场地的要求不高，只要在两丈见方的平地上放一块白石或标志物作为中间点，然后以中点为标志两边分别画三条等距50~60厘米的线就可以开始比赛了。推杆用的杆子可以用竹竿或铅杆，杆长约4米，直径5厘米，杆子的中间系一条红丝带或涂上红色油漆作为中间点。

羌族推杆可分为2人推杆或多人推杆等多种形式。

2人推杆：是最基本的传统推杆，进攻一方与防守一方各站一人，等待村中的长者或有威望的人发出比赛开始的口令，在5次击掌之后，比赛即为结束，最后以防守一方被推出的距离定

羌族推杆

胜负。2人推杆场面比较激烈，如果守方能战胜对手，则攻防会加至两人，依次增加，最后选出力量最大的人，作为寨子的勇士。

1人对多人推杆：由于防守的一方比较省力或进攻的一方是多位女性，在赢得一对一推杆比赛胜利之后，胜利者会继续挑战两人或三人，形成一对两人推杆、一对三人推杆的局面。1人对多人推杆，由于进攻的人数增加，比赛的时间要相应减少，进攻的距离也要同时增加。

多人对多人推杆：在形式上有点儿像拔河，不同的是拔河是把对手向后拉，但推杆是把对手向前推，多人推杆的场地与推杆的时间由人数的多少而定，如果防守的一方人数较少，被推出的距离就要变远，进攻的时间也要相应变短，如果进攻的人少则正好相反。

推杆比赛的规则与评判：推杆比赛时，设一名裁判员，裁判员由村中的长者或者有声望的人担任。在比赛前，双方运动员在裁判员的组织下选择场地，然后双方相对而立各持竹竿的一端，竿上标记中线，手不得超越分界线。比赛开始后，攻守双方必须保持木杆的水平，严禁上下摇摆木杆或忽然猛推，时间以裁判员击掌5次为准，进攻一方把防守一方推过50厘米界线为胜，推不过则为败，由于羌族推杆防守一方很省力，所以进攻的一方常常增加到二至三人，但是比赛的时间与距离也要相应加长，例如二

推杆

人进攻，则在10秒钟（拍10下巴掌）推过100厘米距离，才能为胜，三人进攻，则为15秒推过150厘米，才能为胜，推不过则为失败。在一局比赛结束后攻守双方要交换位置，采用五局三胜制。比赛结束后寨中的姑娘们会抬出一坛坛香醇的美酒，向胜利者敬酒。比赛时，围观者以呐喊声为之助阵，使比赛显得紧张热烈。

在进行羌族推杆比赛时，防守一方运动员需要把两只脚平行站立（与肩同宽），膝盖朝向前方同时把自身身体重心下放，身体稍稍前倾，两眼平视前方的对手。合拢双腿做半蹲状并且把杆子放在两腿之间用力夹住。进攻的一方则需要手持杆子的另一端，摆好弓步同样把身体重心放低且略微前倾。在比赛时两眼目视前方对手，右手（左、右手均可，依习惯而定）握住杆子放在胸口一侧或者腹前，与防守队员相向用力向前推杆。

在民间流传着这样一首顺口溜详细描述了推杆的全过程：要推杆，脱掉鞋，杆端压低莫抬高，屏住气莫换气，若要进先要退，杆宜起伏莫直平。大致的意思是在推杆时候要脱掉鞋，因为鞋底容易滑，杆端抬高了用不上劲，屏住气不要换气，因为换气时产生力量停顿，虚退一步给对方造成错觉，然后趁对方得意疏忽之时一鼓作气推进，推杆时主动将杆抬上又压低，使对方用劲不一致，造成被动局面。

抱蛋游戏

抱蛋

抱蛋游戏着重锻炼人的眼力和腿力，培养其灵活性、反应力，娱乐性很强。游戏场地不限，平坝场院即可。先在场中画一圆圈，直径约1.5米左右，内放3~5块大小相当的石块或沙包做“蛋”；再由一人自告奋勇充当“保蛋人”，他双手着地，呈半俯状，以胸腹护“蛋”；然后，由一些少年或

成年人组成“抱蛋人”（没有具体人数限制）。比赛开始，抱蛋人就要寻找时机，巧设骗局，出其不意地袭击“保蛋人”。保蛋人以旋转形式（双手着地），用一只脚蹬、扫抱蛋人，抱蛋人不能进圈抱蛋。保蛋人不能用手拉人，只要保蛋人的腿部与抱蛋人相接触，抱蛋人即输，并被惩罚为保蛋人。若保蛋人的蛋全被抢走，则保蛋人输，必会受到“筛糠”等一些有趣的处罚。

▲

抱蛋

摔跤

摔跤，俗称“按跤子”，在羌族人民中广为流行，在茂县黑虎乡一带的收获季节更是尤为喜好。无论在田边地角，在堂屋晒场，都可以看到羌族男女摔跤嬉戏为乐。羌族摔跤无固定的跤衣，也没有定期的摔跤赛，多为三三两两的自发较量。摔跤前，两方互相一手抓肩，一手抓腰；较量时有裁判，裁判下达口令后，须仅靠腰力、臂力将对手摔倒，凡倒地者均为输；如两人同时倒地，则比赛重新开始。比赛不准以手进攻，禁用脚踢、脚

摔跤

绊，还不得将对方抱离地面。摔跤较量时，人们按照事先协商的办法，量力斗巧。比赛一般采用三摔两胜制。另一种摔跤形式为“抱花肩”，即双方互相抱住肩膀，以用脚将对方绊倒者为胜。

转转秋

转转秋游戏，由两根木杆组成，立着的一根木杆直径大约10~15厘米，长2.5米，一端深埋土中，横杆长大致7米，中间打个孔之后将立杆插入此孔，稍加固定。此活动一般在场地为40~50平方米的平坝中举行，参加者男女不限，比赛时，横木两端各站一人，胸部附在横木上，双手抱住横木，准备就绪，由裁判下开始口令，比赛开始，参赛者用双脚助力，推进转动。

转转秋

比赛由参赛者旋转的圈数和好坏来决定胜负。一轮比赛结束后，失败的参赛者下场，胜者可继续比赛，挑战其他参赛人，胜利的一方只要没被比下场，可一直挑战新的比赛者，直到被比下场才算失败，接着又由新的胜利者挑战其他参赛者，最后的胜利者会得到相应的奖赏，同时也会被“筛糠”以示祝贺。

第六章 宗教信仰

羌族是一个多神信仰的民族，至今仍保留着原始宗教，盛行万物有灵。在羌族社会中，有一类宗教祭司被称为“释比”，是沟通神、鬼、人的中介者，在羌人的精神世界和现实生活中发挥着重要作用。释比有一套内容极为丰富的经典，不但反映了羌人的古代历史，而且也是羌人民俗信仰的载体。羌族的许多民俗能够存留到今天，除了社会历史等方面的诸多原因外，在很大程度上有赖于释比经典的传承。

多神崇拜

羌族的宗教信仰是以白石为表征，以天神为主神的多神崇拜，同时，也或多或少地受到了道教、儒教、佛教、基督教等宗教的影响。

羌族原始宗教产生于原始社会，当时由于生产力水平极端低下，知识极端贫乏，对自然现象如日月星辰、风雨雷电无法理解，对天灾人祸的恐惧，自然地就把人本身以及人以外出现的自然现象等同看待，把他们接触到的与他们关系密切的自然物人格化，认为人有灵魂，自然物也有灵魂，因此，便产生了“万物有灵”的观念和自然崇拜。随着历史的演进发展，原来的自然崇拜的“自发的宗教”，逐渐向“人为的宗教”演变。羌族在宗教观念上已有了严格的鬼神之分，而且在诸神之中已有了主神的存在，即在神的世界中已建立起统治与隶属的关系。

羌族崇拜的神灵，大致可以分为四类。

一是自然界诸神，如天神、太阳神、月亮神、地神、山神、树神、火神、羊神、牲畜神等等，是一种自然崇拜性质。

羌寨里供奉着土地神

二是家神，这基本是一种祖先崇拜的性质。有的地方家神很多，汶川县雁门一带每家都有十三尊家神。如“莫初”是历代祖先，“活叶依稀”是男性祖先，“迟依稀”是女性祖先，“亦吉”是保护家中平安之神，“密怕露”是保佑男子工作之神，“西怕露”是保佑妇女工作之神，“斯卓吉”是管理活人灵魂之神，“玉莫”是管理死人灵魂之神等。

在与黑水县藏族村寨相邻的羌寨里，供奉着藏传佛教的佛像

三是劳动工艺之神，如建筑神、石匠神、铁匠神和木匠神等，是手工业在羌族社会中占据一定地位和手工业者受到特殊尊敬的反映。

四是寨神，即地方神。有的是石狗，有的是石羊，因各地不同的历史传说而异，或许是图腾崇拜的遗迹。

以上所列举的各种各样的神，其共同特点是都与羌人所从事

茂县白石羌寨的祭祀塔

的农、牧、林业生产与日常生活有着密切的关系。他们被认为是能够威胁或保佑生产和人畜安全及民族兴旺发达、五谷丰收，因而被刻画为与羌人比较接近的一个个幻影。在这众多神灵中，天神是管理一切神事、人事和自然万物的主宰之神。

羌族信仰的众多神灵皆无偶像，均以白石或杉树为象征。人们一进羌寨，就会看见房顶、地界、山林等地供奉着白石。据此，人们会误解羌民是信仰白石神。实际上，羌民所供奉的并非白石本身，而是各种神灵，白石只不过是一种代表而已。

羌族白石崇拜是一种古老的灵物崇拜，它渊源于白石的工具、武器和生火的作用，又与祖先崇拜和雪山崇拜相沟通，遂成为羌族众神的偶像和寓所。

羌族没有庙宇，但羌族供奉神的最神圣的地方就是石塔。石塔一般是修筑在羌族屋顶朝里墙边中间、山顶上、村寨附近神林中及田地里，一般高约2米，最高的有3~4米，皆为片石砌就，外观呈下大上小的椎体，呈菱形、多边形，线条轮廓分明，墙表整齐。塔底直径一般2米左右，最大的直径有4米左右。石塔的顶端为平面，其上放一张石板，羌语称为“达格西”，再在其上放数块白石。白石的正前方放置一个瓦罐，用以烧柏枝、香及祭祀供品，白石后面插着一枝或数枝长约两米的柏树枝，有的为杉

羌人家里的神龛

树枝，杉树枝上还系着五彩小旗和绸条飘带，迎风招展，以示对神的崇敬虔诚之心。

▲ 汶川县萝卜寨的祭祀塔

“神林”为羌族神灵又一栖居地，亦是羌族公祭神灵的场所和神的又一标记。在羌族信仰世界中神林具有很高的地位，羌人认为“天地之后神树林为大”。羌人的重大宗教活动，如公祭山神、天神等均在神林中举行。神林还是各寨氏族守护神“地盘业主”的象征，神林之中一草一木均神圣不可触犯。而柏树枝、杉树在羌族信仰世界中就具有更特殊的意义。每举行祭祀活动都须燃柏枝以求神解秽。杉树是羌族信仰中又一圣物，与白石一道被广泛用于象征羌族的最高神。如汶川龙溪乡巴夺寨羌民在

◀ 房顶上的白石

祭山神塔

“祭山会”时，除同样于神林石塔上置白石代表天神、树神、山神外，还要于远山砍回三根由释比认定的衫杆，立于祭坛前，分别用于祭路及代表天神、山神。释比在向神“交羊子”时，也在代表天神的杉树杆下进行。杉树还被用以象征羌族始祖神。

以天神为主神的诸神列表

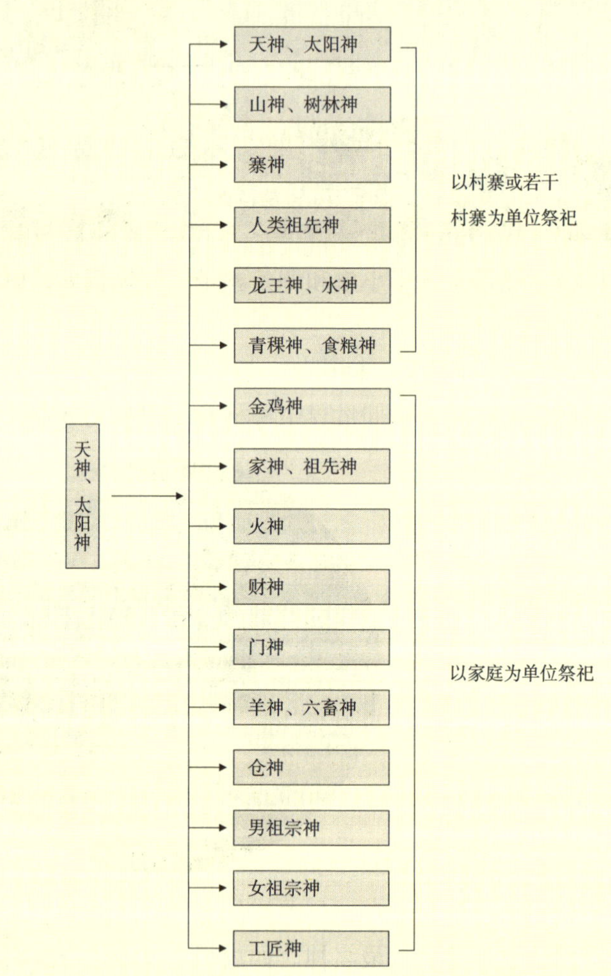

羌族释比

释比，是羌语的音译，是不脱离生产劳动的宗教活动从事者。由于羌族分布地域的不同，羌语方言存在差异，如汶川县威州以北至松潘、茂县地区，自称“许”；汶川县威州以南以西岷江和杂谷脑河沿岸，自称“诗谷”或“诗卓”；北川羌族自治县都坝、贯岭一带，自称“着”。释比是专指羌族中主持祭祀、招魂、驱鬼等法事活动的人，因而在汉语中也被理解为巫师、端公、祭司等。

羌族释比

释比既是从事宗教活动的神职人员，又是农业生产者，可以娶妻生子。释比是羌族口头传承和宗教文化的主要传播者，熟知本民族的社会历史和神话传说，具备一定的医药常识，能背诵经咒，从事巫术活动。人们相信他能与鬼神沟通，具有神秘的、不可思议的力量。他要主持祭山、还愿、看病、驱魔逐邪、消灾避难、招魂、占卜、修房造屋、男女合婚、新生儿命名、超度亡灵等仪式，在羌族社会中享有较高的社会地位。

代表释比身份的印章

法器

释比有一套独特的法器，如猴皮帽、羊皮鼓、神杖、师刀、猴头、铜锣、令牌、野兽的牙骨卦、羊角卦等。释比的法器是他人不能随便触摸的，使用时要先洗手洁身才行。法器不得随意放置，要放在家中特定的被认为是最圣洁的地方。

释比头戴猴皮帽

猴皮帽 以猴皮制成。帽上有三个尖角，用猴尾制作。这三个尖角具有特定的含义。从左至右，一般第一尖角代表黑白分明，第二尖角代表天，第三尖角代表地。猴神是释比的祖师神，戴此帽表示释比明辨是非黑白，受天神、地神之旨行事，为人间奉神事、行善事、驱魔除邪。

猴皮帽

羊皮鼓 鼓的直径约两尺，单面绷皮，另一面为一横木条，以便抓握。鼓只能用羊皮而不能用其他皮制作。传说释比之始祖阿爸锡拉的经书被羊偷吃，阿爸锡拉根据神之指点将羊皮剥了做成鼓击打之后才能记诵经典，所以只能用羊皮制鼓。

羊皮鼓

神杖 制神杖的木料必须是有藤子缠绕者，砍伐时要祷神灵。神杖长四五尺。杖的上端有一神像，神像头部下悬一铜铃，杖的下端有尖枪头，可以插入土中。此法器用于驱邪、送魂、治病及战事，跳神时亦用，但祭祀正神时则不能用。

神杖

神杖头部

师刀 长尺余，牛骨刀柄，外有皮套，主要用于赶鬼，还愿时也可用以禳灾。

师刀

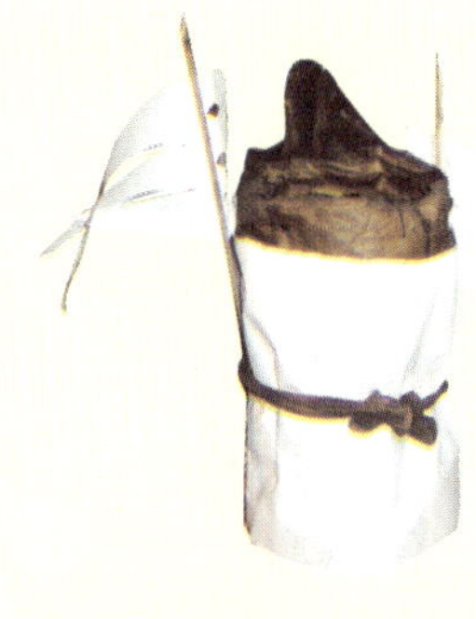

猴头祖师

猴头 金丝猴的头骨，用白纸包裹。内有金屑、木屑、水银、柴灰、泥土各少许，意即金木水火土，代表猴的五脏。每次还愿仪式时须将猴头带去，请其领受祭物，称其为“猴头祖师”。

兽角器 上悬各种猛兽的骨、爪、牙和古钱等，用以驱邪解秽或招魂。

法水瓶 形如龙头，可盛水，用以治病。

释比还有法冠、牛角号等法器。法冠是用硬纸片或牛皮做成，上绘有花纹图案，可以折叠，作法时戴在头上，以显神威。据说太上老君的坐骑为青牛，故释比作法时吹牛角号，表示通神通天，即“吹上天”。

此外，释比作法事时颈上系骨制白念珠一串，以及内盛

兽骨

释比法冠之石达

多种飞禽走兽羽毛的皮口袋，用作行谢师礼之用。释比的所有法器上都系着兽毛、羊角和铜铁片等。释比作法事时法器撞击有声，配合诵经念咒，造成一种神秘气氛。

传承

释比限于男性，其传授除少数是父子相传外，一般都是经过几年的跟师学艺而来。在开始学习之前，须先拜师与许愿。许愿是求神保佑健康与智慧，并立下誓言，遵守戒条；在学成时还愿，称为“解卦”。

年轻释比通过参与法事活动学习释比文化

学习期间，徒弟仍住自己家中，平时做农活，农闲时到师父家中去学。羌族没有文字，所以教授经文时全凭口传心授。至于仪式、法术等，师父在日常活动中带着徒弟实习。三五年后，能背诵经书和咒语，会做法事，会施法术，即算学成。释比称之为“解卦”，就是满师学成后封神职的意思。举行解卦仪式时徒弟必须照规矩送师谢礼，还要宴请其他老年释比和亲朋来参加。

汶川县龙溪乡阿尔村被列为汶川县释比文化传承地

解卦的新释比要当众表演几套重要的法事，一方面是接受参加者的检验和考核；另一方面表示已掌握了惊人的本领。之后师父给新释比一顶猴皮帽和一套法器。从此，徒弟正式被称为“释比”。

释比经典

羌族有丰富的宗教经典，主要由释比口传心授而传承下来。因没有文字记载，如今许多经典内容无人忆起，整理出的经典也互有出入。这些经典内容十分广泛，主要分三类：神事经，主要用于请神、敬神或还愿时；人事经，用于婚丧嫁娶等场合；鬼事经，用于驱鬼避邪、为凶死者招魂超度等。目前传世的释比经典大致可分为23类550部左右，包括开天辟地、神灵、战争迁徙、纯净解秽、法器、感恩祭祀、驱邪治病、平安、孝道、天文历算、吉凶占卜、符咒、科技工艺、建筑、农牧经济、矿产铁业、婚嫁礼俗、丧葬礼俗、习惯法规、戏曲舞蹈、法术等等。

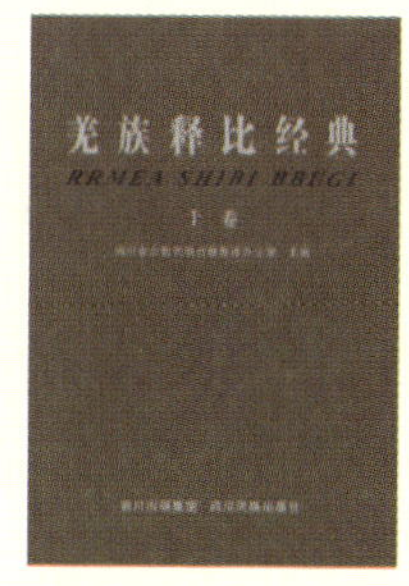

《羌族释比经典》书影

2009年，由国家民委全国少数民族古籍整理研究室与四川省民族事务委员会组织实施的国家“十五”“十一五”重点文化项目《羌族释比经典》出版。此书历时5年时间，经过对48位释比老人的口头经典进行搜集、记录、翻译等，整理经典362部，字数达340多万字，具有极高的羌学研究价值。

羌族还有一种用于唱经、占卜等的图画经典——《刷勒日》。释比是《刷勒日》的拥有者和唯一“识读”者。释比图经是以麻布上沾一层白纸作为画底，用彩色颜料绘画，画卷为折叠式两面绘图，释比在做法事时，能够依据图画的提示，看图唱诵相应的释比唱经。

羌族释比图经《刷勒日》

《刷勒日》由祭祀图、丧葬图、婚配图、阴阳五行图、吉凶箭位图、治病驱邪、十二属相图、阴阳五行属相命运图、地支三会图、地支六冲图、地支三合图、四格五行配合图、二十八宿图、六十甲子图等十五部分组成。主要在献祭、祈愿、禳祓、诅咒、占卜、求育、述源、丧葬、指路、祭祖安灵、历算等日常活动中使用，内容包罗万象，涉及羌族的历史、哲学、农学、宗教、伦理、文学、风俗、天文、历算、地理、医药、法律等，涵盖羌族社会、生活、文化、思想的各个层面。对于没有本民族文字的羌族来说，《刷勒日》在保护、传承民族文化方面具有不可替代的重要作用，它以图画的形式记录了羌族文化。然而，由于社会环境的改变，而且岷江、涪江流域羌族没有本民族文字，经文全凭口传心授，许多经文丧失，而《刷勒日》都用图画表现，随着老一代释比年迈和离世，释比继承后继乏人，《刷勒日》面临着流失和无人识读的濒危状态。

法事活动

释比的法事活动丰富多彩又神奇独特，可分为四大类，即占卜测算、礼仪司祭、招魂迎财、驱邪送鬼。

占卜测算　占卜测算是释比进行各种法事活动的首要依据和先决条件，有了占卜测算的结果，释比才能根据不同的情况对症施法。因此，占卜测算既是其他法事活动的组成部分和前奏，又是一项独立的法事活动。据现有资料看，羌族释比的占卜种类有二十余种之多，如羊髀骨卜、羊扇骨卜、羊毛线卜、青稞卜、水卜、手卜、鸡蛋卜、柏木卜、鸡嘴卜、吊白狗卜、立水柱子等。不同的卜法有其不同的用途。它是羌族古老文化的遗存，是鬼神观念和巫术信仰的产物。

释比在葬礼上做法事

释比祭祀神灵

礼仪司祭 羌族社会生活中，常涉及一些礼仪司祭问题，如成年冠礼、婚丧嫁娶、许愿还愿等重大活动，都要请释比主持。

驱邪送鬼 驱邪送鬼是通过各种法事活动将一切恶的东西驱送走，这些法事活动大体上可分为治病巫术魔法和一命填一命的救命替代法事。治病巫术魔法有“化翳子”“踩铧头”“耍火链”“踩红锅”“打油火”等。

招魂迎财 释比这类法事活动与其他法事活动相比较，其特点主要是希望把善的招迎回来，或招回某物使某事致善。如招各种财气、招游魂、招亡魂等法事。

祭祀活动

羌族的祭祀活动有家族私祭和全寨公祭两种形式。

私祭

私祭多于家中举行。房顶小塔处供奉天神、山神、始祖神等；二楼火塘处以铁三角的右上角和上角代表火神和女性保护神。火塘一侧的角房置有一神龛，上供家神、祖先等。这些神灵泛称家神。各地所供家神情况颇有差别。如汶川县雁门乡一带羌人都供奉有十三尊家神：历代祖先、男性祖先、女性祖先、保护

家庭祭祀神灵

平安之神、保佑妇女工作之神、保佑男子工作之神等。理县星上寨供奉十二尊家神：人类祖先神、财神、羊神、上天指路神、水缸驱毒神、火神、祖宗、山神、中柱神、守门神、田界神、六畜神等。私祭平时多由家长为之。时间较随意，虔诚者每日为之。如求神还愿、驱邪解秽等则另请释比举行。

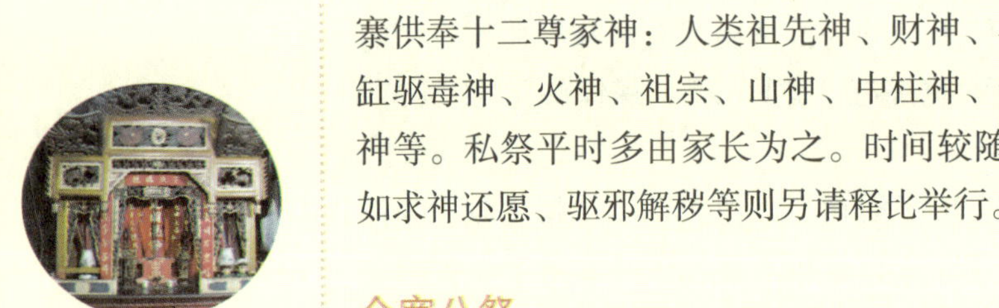

家里的神龛

全寨公祭

全寨公祭活动主要有祭山会、祈雨等。

祭山会是羌族最隆重的传统节日之一，又称转山会、塔子会、祭天会、山王会、山神会或者碉碉会，是羌族对代表着天神、山神等诸多神灵的白石神进行祭祀的活动，也是人们祈求保佑来年人畜兴旺、五谷丰登、地方太平、森林茂盛的大典。羌区各地祭山会日期多有不同，如茂县水西寨是每年二月的第一个属牛日，渭门、三龙为农历五月，松平沟和曲谷河东是农历六月，汶川萝卜寨是农历十月初一，而汶川、理县的其他地区多在农历的八月初一举行。祭山会由每户男丁参加（丧家和有产妇的人家除外），由各户轮流担任会首，负责活动的筹备，仪式由释比主持。各地祭山会内容和具体的做法不尽相同。

如茂县吉余寨在20世纪80年代所举行的祭山会过程是这

样的：

采神羊　正月初五晚上，全村六名会首（按户轮流担任）在清灵宫庙内，高悬红灯，焚香点烛，撞钟击鼓，为祭山会采神羊。神羊要浑身漆黑、无杂毛的雄羊，做祭山的祭品。采选神羊的方式和步骤：由养羊者（羊主子）申报，经会首占卜（打卦）挑选，选中者即为神羊。会首到各羊主子家打开圈门，在羊脊背上扯一撮羊毛，夹在竹板子上，按一、二、三……编号依次排列，拿回庙内占卜筛选。采定后，复敲钟击鼓，吹唢呐，打锣鼓，表示神羊选中。

▲

祭山

报喜　初六早晨，会首到羊主子家报喜。在羊主子家门前，会首先放一串鞭炮，又是三响冲炮，躬身拱手，赞称恭喜，万事亨通，人兴财发，把五彩布片和五彩绒球扎成的绣球拴在羊角上，表明它是选中的神羊。羊主子家里，主人手捧酒壶酒杯，奉候门口，劝酒洗尘，大摆酒宴，众会首开怀畅饮，尽兴而归。

坐夜　祭山前，会首要做好筹备工作。有的赶场买菜、打酒，有的上山砍杉树，要砍一根直径约10厘米的杉木杆，削光树皮，只留顶端树枝，形如撑开的雨伞，栽在清灵宫庙前，每年一换。几根小杉木，栽在村头巷尾三岔路口的土地庙处。还用白纸剪纸花，做纸旗，插在碉楼房顶白石等处。

▲

汶川县龙溪乡阿尔村祭山会

祭山的前一天，会首到羊主子家牵神羊，主家办宴席叫作“吃羊酒水”，为神羊送行，赠送五谷半斤，猪腰一个，干白菜一束。会首接受礼品，牵着神羊前往清灵宫。晚上全村老少到庙“坐夜”。各自带上腊肉、香肠等下酒菜，坐夜饮酒。酒毕，会首按户散发煎饼或蒸馍。当夜，会首全在庙内住宿，待天亮两人敲起铜锣，到二里远的岩头寨举行放路仪式，以示祭山开始。

还愿 会首一早牵着神羊，手提白鸡去神树林还愿。神树林在距寨子二里远的地方，林中长满灌木，任何人不得随意砍伐，林中有一块平地，称祭山还愿坪。还愿时，要取一壶清水淋在神羊背上，羊耳朵里装一撮青稞，羊身湿透，神羊抖一下，把水抖掉表示神灵领牲。神羊不用刀杀，把一碗糍粑塞进羊嘴里，双手捏住羊嘴，使其不能呼吸而气绝。然后把羊肉割成小块，分给各家拿回家里食用。

会首要用面团做一只老虎模型，把它放进土洞里，用石板做闸门关住，意为隔绝了豺狼虎豹，从今不再伤害人畜了。中午全村老少自带食物，到神树林参加祭山会。回途中，人人心情舒畅，边走边唱“呀米稍”（祭山歌），一人领唱，大家附和，歌声伴着唢呐、锣鼓。走进村头，事先推举的一位高龄老人，站在主要路口端盆泼洒神水，淋得个个像落汤鸡，颇为有趣。

祭山后，全寨禁路三天，禁止上山伐木、砍柴、割草、挖药、打猎等。

汶川县萝卜寨祭山会

祈雨仪式

羌区农地大多在溪水两旁或山坡之上，缺少农业灌溉系统和水利设施，天降雨水依然是当地农业主要依赖的水源。雨情对农作物的丰歉起着决定性作用。雨水若是少，定会给农作物生长带来影响，出现旱灾。若遇久旱无雨，人们会举行祈雨活动。如理县一些地区，人们会举行搜山。搜山即禁止任何人上山砍柴、挖药或打猎，以示顺从天意。禁令一出，各寨即联合派人上山巡查，若遇违禁者必以痛殴，直至流血为止，认为不如此将导致祈雨失败。若搜山仍不降雨，便举行求雨法事，甚或到神山敲锣打鼓，呼喊祈雨。

在汶川县龙溪地区，各寨的求雨地点和求雨方式也不同，如直台村（2008年因地震已搬迁）的要杀羊烧狗，因为当地人认为龙王怕狗臭，被熏难受了就会降雨。而龙溪布兰寨的羌人到龙溪山后龙池求雨，颇为特别。

传说布兰寨杨家二姑娘牧羊到龙池时，被龙王儿子看中，因而成了龙王的儿媳，并生了一对龙孙。杨家二姑娘回娘家

祈雨仪式

时，将这对龙孙装在一个小匣子里带回了娘家，她特别叮嘱家人，任何人都不能打开这个小匣子。可是外婆很关心外孙，有一天趁着二姑娘不在家时，打开了匣子，两条小龙立即昂首张望。外婆吓呆了，惊慌失措，用力关上了匣子，却卡死了两条小龙。二姑娘回到龙池后，老龙王大发雷霆，将她处死。二姑娘虽死，但布兰寨人认为，杨家是龙池龙王子孙的舅家。因而这里遇旱求雨的方式，便是寨人集体到龙池边痛哭，称为“众母舅求雨”。

驱农害仪式

释比举行驱农害仪式

羌族以山地农业为主要经济生活方式，对农害尤为重视。农害大体有害兽、害虫、害鸟等，害兽如野猪、獐子等，害虫则主要有蝗虫、毛母虫等，害鸟如麻雀等。这些农害严重威胁着庄稼的生长和收获。在羌区，各寨举行驱农害仪式的时间不一，有的在播种前，有的在秋收后，也有的于每年固定日期里举行。仪式由释比主持，仪式内容大多都有用青稞面、小麦粉或荞麦粉等制作出常见的害兽、害虫、害鸟的模样，释比诵经念咒做法事，然后将农害形象毁掉，象征农害已除。驱农害仪式蕴含着羌人对于庄稼丰收、生活美好的期盼。

第七章
文化艺术

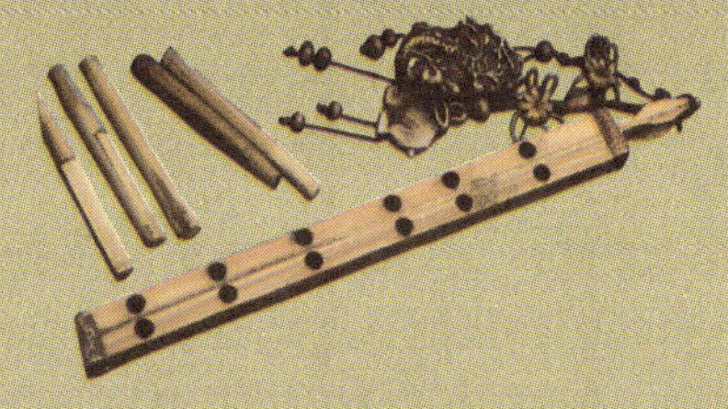

有着悠久历史的羌族，在其漫长的历史发展中，产生了丰富而厚重的文化艺术。一个老人在火塘边讲述的故事，一首诚挚的祝酒歌，一曲欢快的莎朗舞，一场别开生面的释比戏，还有“何须怨杨柳”的羌笛，在代代传承中留下了史诗般的传奇。

语言文字

语言

羌族有本民族语言，羌语属于汉藏语系藏缅语族羌语支，分南北两大方言。北部方言主要分布在茂县北部的赤不苏区、较场区和中部的沙坝区、黑虎乡、永和乡，黑水县的大部分地区，松潘县的镇江区、热务区，以及北川羌族自治县的部分地区。南部方言主要分布在理县通化区、薛城区，汶川的威州区、绵虒区。两大方言的主要特点是，南部方言大都有声调，声调有区别词义和形态的作用，北部方言没有声调，但有较为丰富的复辅音韵尾。两种方言的基本词汇是相同的，虽然这些词在读音上有些差异，但有严格的语音对应规律。北部方言的语法表现形式比较复杂，用形态手段来表达语法规律的情况比南部方言多。北部方言内部差别较小，南部方言内部差别较大。北部方言区靠近藏区，

聚居在高山村落的羌族以羌语为主要用语

使用藏语借词和反映牧区生活的词较多，南部方言区靠近汉区，使用汉语借词和反映农区生活的词较多，并且还有和汉语相同的语序出现在口语中。

羌语词汇较丰富，大部分是单音节词和由单音节词组成的合成词，多音节的单纯词较少，抽象名词也较少。羌语词组的构成，往往是名词在前，壮语、谓语或数词、量词在后。在句法上也往往置宾语于主语之前或谓语之前。

羌、汉、藏族人民长期友好往来，语言上互有影响。羌语使用在不同地区存在着较大差别，如今大致分为四种类型：

1. 藏族使用羌语区。与茂县相邻的黑水县部分藏族，主要使用羌语而不使用藏语。

2. 羌语为主的羌汉双语使用区。茂县北部赤不苏、沙坝、较场等地的羌族聚居村落以及松潘、汶川、理县某些高山聚居村落的羌族以羌语为主，兼用汉语。

3. 汉语为主的羌双语使用区。汶川、理县、茂县城镇附近及公路沿线的羌族聚居村落的羌族主要使用汉语，羌语仅在家庭或村寨中使用，而且多为40岁以上的人们使用。

4. 转用汉语区。茂县土门、汶川、理县城镇附近及公路沿线杂散居区，还有北川、平武等地的羌族已基本丧失母语，而转用汉语。

随着全球化时代的到来，尤其是进入21世纪后，在大众传媒和信息网络的强大冲击下，我国各民族地区的语言生活都发生了显著变化，羌语的使用范围也呈现出明显的缩减趋势。

文字

20世纪50年代的羌族没有与现代羌语相对应的民族文字，人们大多通用汉文，用汉文记事。历史上，古羌人的一支——党项羌人建立了西夏王朝，在其国王李元昊的大力主张下曾创造、使用过西夏文字。西夏文根据西夏语创制，属表意文字类型，总共

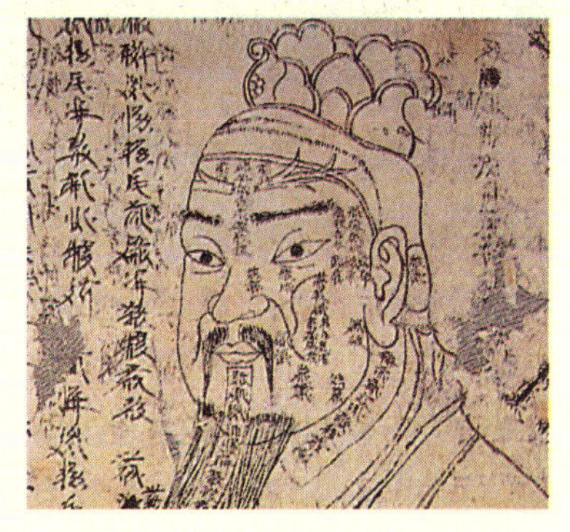

内蒙古自治区黑水城遗址出土的西夏文草书相面图

有6 000余字，分篆书、楷书、行书、草书几种字体，分单纯字和合成字两类。保存至今的西夏文文献不仅种类繁多，且内容十分丰富，有各种官私应用文书，有学术价值很高的法律、历史、文学、医学等方面的著作，有多种类型的字典、辞书，有一大批译自汉文的儒学经典和兵书要籍，有众多佛经等等。遗憾的是，如今很少有人能解读西夏文字。而且，西夏文无法表述现代羌族的语言，自然不能当作现代羌族的文字。

▲

《西夏文教程》书影

知识链接 2013年社会科学文献出版社出版了史金波先生所著的《西夏文教程》，是国内外第一部西夏文教程。全书除概括介绍西夏历史和西夏文文献外，主要论述了西夏文字构造、西夏语音、词汇、语法，并解读了各种类型的西夏文文献。

此外，羌人还有一种记录历算图画符号——“刷勒日”，以人、动物、花、鸟类、猪、弓弩、天体、日、月、星等图画构成，每幅图即为一篇经典，只有少数释比可释读。可以说，刷勒日是羌族的图画文字，只是由于仅限于释比使用，未在全社会传播，终究没有演变为系统的书写记录羌族语言的文字。

新中国成立后，羌族提出了创制文字的要求。1956年中国科学院少数民族语言调查第七工作队川北组，组织了羌语的试点调查，1957年在西南民族学院举办了语言调查训练班，培训了一批调查人员，于同年开展了羌语的普查工作，先后共调查了34个点，开展了初步研究，于1958年提出了划分羌语方言的意见。虽然在1958年制订了羌语拼音方案，而且在黑水县有关部门的主持下，集中全县小学教师开展学习羌语以辅助教学，但当时错过了创制文字的时机，羌文的创制工作一直到80年代以后才又提到议事日程上来。

1957年，少数民族语言调查队羌语调查组孙宏开在四川阿坝理县调查羌语时，整理羌语词汇记录卡片 ▶

1989年，阿坝藏族羌族自治州做出了为羌族创制文字的决定。同年，四川省民族事务委员会成立了羌族拼音文字方案创制领导小组，于1990年提出了《羌族拼音文字方案（草案）》，并在标准音试点地区茂县曲谷乡进行了小范围实验。1991年4月在成都举行的羌族拼音文字方案审议会上，审定通过了这个方案。1991年8月，四川省人民政府批准了《羌族拼音文字方案》，并上报国家民族事务委员会，指示四川省民委有关部门抓紧做好实验推广试点工作。1993年3月，国家民族事务委员会委托中国社会科学院民族研究所请有关专家学者对羌文方案进行了鉴定。与此同时，在广大羌区，举办了多种形式的扫盲班，在四川省阿坝师范高等专科学校、威州民族师范学校等大中专学校，分别开设了羌文大专班和中专班，培养出一批羌文师资。《羌族拼音文字方案》为拉丁字母形式的拼音文字，以茂县曲谷话为标准音，共有26个字母。目前，羌族地区正在使用推广这套文字并取得很好的效果。

民间文学

羌族的民间文学主要靠人们世代口授和长期歌唱而传承，其题材广泛，包括神话、传说、故事、童话、寓言、叙事长诗和歌谣等多种形式，反映了羌族的历史、生活、习俗和思想感情，具有鲜明的民族风格和艺术特色，是羌族珍贵的文化瑰宝。

神话

羌族神话反映出羌族先民对自然和人类、文化起源的理解和认识，想象丰富而奇特，不仅是优秀的文学作品，具有不可忽视的美学价值，而且是研究羌族古代历史的珍贵资料，如有《开天辟地》《盘古出世开天地》等开天辟地神话；有《山是咋来的》《山沟和平坝的形成》《月亮和九个太阳》等自然、天象神话；有《太阳和月亮》《伏羲兄妹制人烟》《猴子变人》等洪水、人类繁衍神话；也有《阿巴补摩》《羊角花的来历》《粮食的来历和丢失》《燃比娃盗火》等文化起源神话。此外，关于山神、龙池的神话也很多。如下述《造天造地》中天神用鳌鱼造地，鳌鱼不时要动，动则发生地震，这说明在羌人眼里，地震，是从天地生成起就伴随的现象。只因“地上万物要遭殃”，所以不得不想出一种应对策略，在神话中，出现了“狗”。“鳌鱼”与“狗”本是两类风马牛不相及的动物，可是在羌族神话中，“狗”成了“鳌鱼”的“母舅”，因为“母舅”在羌族社会中的独特地位，其所具有的威信，使鳌鱼不敢随意动，地震也就不再轻易发生。神话反映了人类认识到自然灾害的必然性并希望通过人类社会关系的努力在一定程度上对其进行控制。

造天造地

古时候，地是一个黑鸡蛋，天是一个白鹅蛋，一团黑乎乎，一团白浑浑。阿补曲格和红满西商量造天地。红满西打开黑鸡蛋，里头钻出来个大鳌鱼。阿补曲格打开白鸡蛋，里头滚出来个青石板。阿补曲格用青石板造天，青石板总是立不起。红满西用大鳌鱼搭好地后，再用鳌鱼的四条腿撑起青石板，这样，天地就造好了。可是大鳌鱼总是动，它一动天就要摇，地就要震。红满西就把玉狗唤来，放在大鳌鱼的耳朵里，对大鳌鱼说：“我把你的母舅叫来了，给你搭个伴儿，你要听母舅的话，不要动，你一动它就要咬你呢！”这一下鳌鱼就不敢动了。

天地造好后，红满西把女儿的癞疙宝（即癞蛤蟆）皮烧来烤火，鳌鱼闻到烧焦了的癞疙宝皮的香味，就动起来了，就发生了大地震，红满西一面换狗咬鳌鱼，一面用棒槌砸地，把大地捶得高一梗低一梗的，高处就成了山。女儿用哈迷（羌人织布用的木板）在地上乱砍，砍成了一条条深沟，就成了河沟。

打从这时候起，天地才算造成了，上头是青的天罩着，下头是高低不平的山、平地和河流。

传说

传说是羌族民间文学的重要组成部分，多以一定的历史人物、历史事件、地方风物民俗为背景，经过夸张、虚构、神化等多种手法，再现事物本质，从而收到更好的艺术效果。羌族代表性的传说有《太子坟》《龙池娶女》《九顶山的传说》《干海子的传说》《羌笛的来历》《羊皮鼓的传说》《叠溪海子的传说》等等。其中，传说中最著名的便是关于大禹的故事，大禹和羌的关系由来已久，史料中多处记载了大禹出生于羌地，大禹治水的传

俯瞰汶川县城的大禹王祠

说普遍流传于羌区。如在《大禹王》中，分为“石纽出世”“涂山联姻”“背岭导江”“九顶镇龙”“化猪拱山”等部分，人们将神话和历史传说故事结合在一起，讲述洪涝发生的原因，大禹治水的智慧、勇气和艰辛。

英雄史诗

羌族有着反映其悠久历史的英雄史诗，《羌戈大战》就是其中最为著名的一部。该诗生动地描述了羌族先民，历尽艰难困苦，与魔兵血战，与戈基人苦斗，从西北高原迁居岷江上游地区的故事。这部传奇式的英雄史诗，全长达600余行，分“序歌”“羊皮鼓的来源”“大雪山的来源”“羌戈相遇”“寻找神牛”“羌戈大战”“重建家园”7个部分。其文辞优美，音韵铿锵，具有极高的史料价值和艺术价值。

叙事长诗

羌族的叙事长诗，以《木姐珠和斗安珠》最为著名。全诗共10章，结构宏伟。它生动地描绘出主人公天仙女木姐珠和凡人斗安珠敢犯“天威”，勇敢地迎接天神的严酷考验，终于获得了婚姻的自由，创造了美满的人间幸福生活。

民间歌谣

民间歌谣具有语言生动形象、简短凝练、朗朗上口、好记好用的特点。如描述茂县县城“午时风”的《好个茂州城》：

好个茂州城，山高路不平，到了晌午间，大风吹死人。

这正是对茂县县城凤仪镇午时风大这一自然环境特点的生动描述。在茂县地区普遍流传着一首关于叠溪地震的歌谣：

好个叠溪城，七猪（即七珠山）把城翻！要问何年月，民国二十二七月间。

1910年的叠溪

茂县的叠溪古城建于汉代，1933年8月25日15时50分，此地发生7.5级强烈地震，古城后的七珠山大滑坡，古城因之毁灭。

谚语

羌族谚语深入浅出，言简意赅，它是羌族人民长期以来生活和生产经验的结晶，涉及自然、气象和为人处世、治家理财等诸方面。如：

重阳看十三，十三无雨一冬干。

早雾晴，晚雾雨，中午起雾下大雨。

人怕老来穷，谷怕午时风。

正月打雷坟堆堆，二月打雷草堆堆，三月打雷谷堆堆。

无牛不成农，无猪不成家。

羊群走路靠头羊，船载千斤掌一人。

穷不悲伤，富不癫狂。

晴带雨伞，饱带干粮。

借人一口，还人一斗。

民间歌舞

羌族民歌

一夜羌歌舞婆娑，不知红日已曈曈。羌人能歌善舞，歌舞在其生活中占有十分重要的地位。羌族民歌风格浓郁、旋律优美，在内容上可分为劳动歌、情歌、颂歌、酒歌、狮灯歌、丧祭歌、婚礼祝愿歌等形式。

演唱山歌

劳动歌　歌词主要以所从事的劳动为内容。如《耕地歌》：

瓦依拿啦……我年轻的犏牛俩，你俩跑得多快啊，像插翅腾飞呀。转弯了，我的犏牛俩，你俩多辛苦啊，我也心痛你们，看到地头边啊，已快耕拢了。

主要表现了当地使用犏牛耕地的情景。

情歌　羌族青年男女进行社交活动时用来表达情爱、抒发恋慕之情的歌曲，如：

郎上山来姐下河，我们二人坐到太阳落，你是男子不开口，我是女子咋说出？

颂歌 内容大都是对历史上在反抗阶级压迫与民族压迫，不断进行殊死斗争中所涌现出的英雄人物的颂扬。由于羌族地区是红军长征的经过地，因此产生了颂扬红军和怀念红军的颂歌，如《胜利歌》《卡普歌》等。

妇女唱山歌

酒歌 俗称“唱酒戏”。羌民喜欢咂酒，素有“有酒歌儿多，无酒不起歌”的说法。每到逢年过节或举办婚礼时，都要用咂酒招待客人。主人和客人边饮边唱，其乐融融。如《开坛酒歌》，由德高望重的寨老领唱，众人合唱或宾客齐唱。唱《开坛酒歌》时，人们必须按羌族传统礼仪排坐，围住咂酒坛子，由长者致祝酒词后开唱。传统酒歌大多节奏缓慢，旋律优美，音域不宽。此外，情绪激昂之时，歌者还可以演唱部分与饮酒环境及宾客有关的民歌，前提是必须顾及饮者中每一位，尤其是辈分较高者，所唱之曲必须庄重、严肃，以尊重长者为前提。如无长辈，则可演唱一些幽默诙谐的曲调。最著名的酒歌有《西呀拉沙》《哦纳依哟》等。

喝咂酒

狮灯歌 羌人庆新年闹狮灯时演唱的，有两种形式：一种是

《狮子词》，一种是《正月好唱祝英台》。前一种是新年时用“耍狮子”的形式向邻居、亲戚、长辈拜年时唱的，后一种通过十二个月的变化唱出农人们的生活。

正月好唱祝英台

正月好唱祝英台，祝英台

二月好唱祝英台，蚕子蛾蛾身上来，手拿文帽扫下来

三月好唱祝英台，一对燕雀来催工，三月催工散花台

四月好唱祝英台，四月芒种栽秧子，栽秧要栽三路秧

五月好唱祝英台，一对凉伞送路来，前伞照来祝英台，后伞照来梁山伯

六月好唱祝英台，一对龙船顺河来，前船坐来祝英台，后船坐来梁山伯

七月好唱祝英台，七月有个七月半，七月十三宣胡子，有钱人家宣胡子，无钱人家哭一场

八月好唱祝英台，八十八张雁鹅来，半山云头失了伴，漂洋过海来合群

九月好唱祝英台，九月有个重阳酒，杜康造酒满街香，金壶热酒银杯吃

十月好唱祝英台，高山云顶雪花飘，家家户户把猪杀

冬月好唱祝英台，雪花飘飘到家门

腊月好唱祝英台，门神对子两边贴，红红绿绿过一年

丧祭歌 是办丧事时或在盛大宗教祭典时演唱，其曲调悠长，内容丰富。演唱者有两类：一类为释比，一类为死者家属和亲友。前者有讲唱羌人生死观及自然规律道理的，以告慰亡人，安慰活着的人不要太过悲伤。后者内容主要追忆死者生平、为人，赞美死者善良、勤劳、智慧，感情真挚，形容悲切，以哭为唱，声泪俱下。除释比演唱的丧祭歌外，还有安慰亡灵的《吊亡人》、亡者子女跪迎母舅的《迎舅歌》、母舅安慰死者的《安慰词》、亡者子女在灵床前与亡人同吃永别酒饭时诵唱的《永别歌》等。这些歌曲贯穿整个丧事过程。

婚礼祝愿歌 又称“喜庆歌”，羌族在婚嫁时男女双方都要邀请客人到家里通宵达旦地唱歌跳舞。女方出嫁的前一天晚上，要举行通宵的唱歌晚会——“坐歌堂”。歌词多为吉利、祝愿的

父母的养育之恩终生难忘，要离开他们了，新娘流着眼泪唱着哭嫁歌

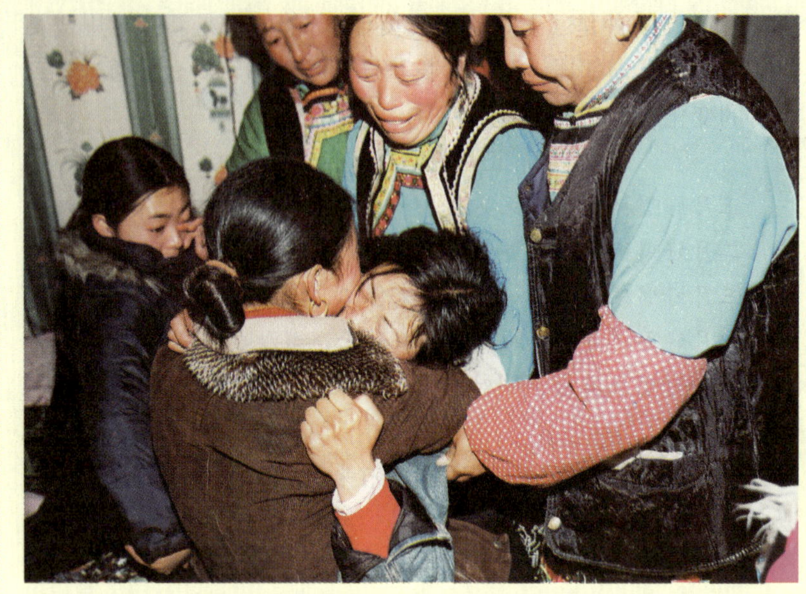

词语，或是赞美新娘、新郎的美丽，夸他们勤劳勇敢，或是祝新人幸福美满。新娘则唱哭嫁歌，唱自己身世，哭对少女生活的依恋，谢父母养育之恩等。在结婚的当夜，男家聚饮咂酒、唱酒歌。男方客人唱过《赞新娘》后，女方客人唱《赞新郎》，多即兴编词，以传统的曲调来唱，或幽怨之声，或欢乐之曲，可谓哭也真情，赞也真情。

知识链接 羌族民歌有独唱、合唱、对唱、重唱等形式，在声部上可分为单声部、双声部、多声部等。其中多声部民歌主要流行在阿坝藏族羌族自治州松潘县小姓乡、镇坪乡和茂县赤不苏、较场等地，演唱技巧独特。多声部民歌具有风格多样、节奏明快、随声而和的艺术特点。其中以劳动歌最多，如在建房、杀猪、春种、耕地时演唱，一般以2至4人、10多个人或数十人演唱，多为同声组合，也有男女声混合组合。多数为二声部，音程以同度、大二度为主；四度、五度，大小三、六度也有，节奏和旋律强调基本统一。形式分为支声式、衬托式、分合式等，演唱方式有高声部先起腔低声部后进，低声部先起腔高声部后进，两个声部同起同收，两个声部交替进行等形式。声部进行中也常出现交错，因此唱腔活泼热烈，此起彼伏，富有特色。

羌族多声部民歌演唱

舞蹈

羌族舞蹈具有强烈的艺术感染力和生命力，舞风古朴典雅，粗犷优美，主要分为自娱性舞蹈、祭祀性舞蹈、礼仪性舞蹈、集会性舞蹈四类，基本动作较为一致且各具特色。

自娱性舞蹈 最具代表性的舞种如“莎朗”。“莎朗”有“唱起来，摇起来”的意思，此舞在羌区最为盛行和普及。音乐曲调欢快、流畅，节奏跳跃、明朗。该舞可在室内外进行，男前女后，不限人数，围火塘或场院一圈儿，不封口，向逆时针方向边歌边舞。开始时，先男女轮唱一遍舞曲，然后共同起舞，速度由慢到快，跳到激烈时，领舞男子加快舞步，带头交换各种不同的舞蹈动作，或双腿交替重踏，或左右旋转，男女相互竞争，气氛逐渐热烈。舞至高潮时，男子叫声“吓喂”，女子应和“哟喂”，一曲就此结束，接着再变换新的舞曲和步伐。

跳起欢快的莎朗

莎朗舞

羊皮鼓舞

祭祀性舞蹈 主要有羊皮鼓舞和铠甲舞等。

羊皮鼓舞传承历史悠久，原是祭神、驱鬼、求福、还愿以及送死者灵魂归天时，须由释比表演的法事舞蹈。后来演变为民间舞蹈，形式更为自由，舞蹈语言也更为丰富。这种舞蹈一般无乐曲，无歌唱伴舞，凭着鼓点节奏、响盘敲击出的不同音响节奏组合而成。领舞者头戴金丝猴皮帽，左肩扛神棍，右手执铜铃。其他表演者一手执羊皮鼓，一手挥动鼓槌，在敲击中起舞。由于鼓大而沉，舞动起来费劲，鼓的摆动是靠表演者身体转动，伴以膝的上下颤动才得以起舞，形成独特的风格。舞蹈既有粗犷、稳健的特点，又要像猴一样的轻盈敏捷，如拧腰转身击鼓、持鼓绕头、屈腿左右旋转、旋摆髋部及一些蹲跳击鼓动作，需要很强的技巧性。

知识链接 **关于羊皮鼓舞的传说** 传说阿巴木纳带了很多在各种祭祀场所用的经书，由于路途劳累，休息时他睡着了，醒来时，所有的经书都被一只山羊吃进了肚里，正着急时，树上的金丝猴对他说："羊子吃掉了你的经书，你快杀掉山羊，用山羊皮制成鼓，做法事的时候，敲起羊皮鼓，经文就会脱口而出。"此法果然灵验，阿巴木纳为感激金丝猴，在做法事的时候，就佩戴金丝猴皮帽。从此以后，释比们敬拜猴头师祖或做法事时就大跳"羊皮鼓舞"。

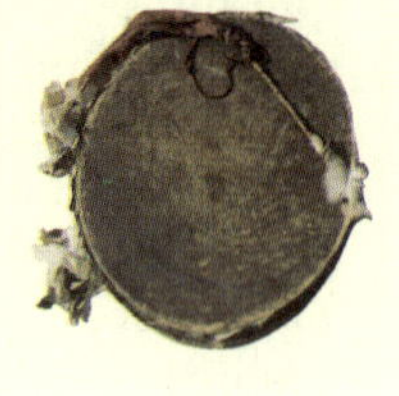

▲

羊皮鼓

羊皮鼓舞 ▶

羊皮鼓是释比的法器，而并非一件乐器。击鼓、舞蹈、演唱经典是释比做法事的基本形式。以鼓伴唱时，鼓点以比较单一的节奏循环往复，舞蹈少，动作小。以鼓伴舞时，鼓点节奏沉稳热烈，丰富多变。羊皮鼓，鼓框木制，单面蒙以羊皮，鼓框高约11厘米，鼓面直径38～40厘米，鼓框里面置有横梁。鼓身连在一个

跳羊皮鼓舞

呈弓形的木把上，木把上端雕饰以羊头，下端拴系双丝彩穗。鼓槌用藤条或杉木制作，呈钩形，长约58厘米，槌头缠以绸布，槌柄饰以彩穗。

铠甲舞流行于茂县、黑水县一带，是为战死者、民族英雄和有威望的老人举行隆重葬礼时表演的祭祀舞蹈。它的舞蹈形态独特，形式多样，在羌族地区，根据地域的不同现在分为三种类型的铠甲舞，一为丧葬祭祀，二为出征回归，三为节日庆祝。舞者手执长刀、戈矛、火药枪等兵器，分列对阵而舞，吼声震天，威武雄壮，唱、跳和吆喝融为一体，表现出古代将士的英勇。

茂县牛尾村的铠甲舞

茂县黑虎乡羌族舞蹈

礼仪性舞蹈　一种迎宾待客时作为礼仪内容之一的舞蹈，韵律特殊，胯部动作较多，表现了羌族原始古朴的审美意识。

集会性舞蹈　以男性为主的集体舞。舞者唱着具有召唤性和示威性的歌曲，伴随着发出浑厚、威武的吼声，踏步走出不同的队列和阵形，反映出古代出征战士高昂的士气。

民间戏剧

羌族有着独特的戏剧文化，其中释比戏和花灯戏是羌族古老而悠久的戏曲曲种，至今在羌区流传。

释比戏

羌族戏剧文化遗产中，最有代表性的是释比戏。释比戏是羌族傩戏剧种，由于羌族祭神、祈求等祭仪与戏剧表演均由释比主持并扮演，故以释比戏相称。由释比主持并以之命名的这种羌族戏剧，原本属于仪式戏剧范畴，有浓厚的民间信仰和民间宗教文化色彩。释比不但主持大型的集体祭祀活动，也为单户家人做驱邪驱魔、治病消灾的法事。为了使这些活动生动有趣味，吸引周围观众，释比们将一些神话传说、历史故事融入礼仪活动中。在作法事活动时，释比们模拟各种神仙、鬼怪的语调，又唱又跳，有时加上一些插科打诨、逗人取乐的表演，以增加娱乐性和神秘性。

羌族释比戏的剧目，有《羌戈大战》《木姐珠与斗安珠》以及《婚嫁》《斗旱魃》等等，或根据神话传说演绎，或取材羌民社会的生产生活。释比戏的表演，原始古朴，角色由释比扮演，一人可扮演两个或多个角色，既演男子又扮女子。有些戏，以释比为主，群众也可以参加，他们既是观众又是演员。如求雨祭祀时演出《斗旱魃》，在释比的指导下，挑选一人扮旱魃，藏匿于山林之中；以后，羌民敲锣打鼓，口呼号子，手拿象征性的武器，追击旱魃，直到将旱魃抓获。有的释比戏剧目，则是从神话传说演化而来，在释比主持相关仪式中或仪式后演出，功能上在娱神的同时更具有明显的娱人色彩，如《木姐珠剪纸救百兽》。该剧源于羌族民间故事，写铜羊寨头人为庆贺自己七十大寿，决定举办百兽宴，于是命人上山打猎，天神木比塔的女儿木姐珠不忍百兽惨遭杀害，她巧用剪纸化作百兽，最后在山神、寨神的帮助下，打死了头人和管家，拯救了山中百兽，也使铜羊寨重享太平日子。作为跟羌民生活有密切联系的民间戏剧，释比戏的演出场所相当自由灵活，神山、神林、湖边、草坪、庭院、堂屋，凡有祭祀活动的地方，皆可随地作场，都有其亮相的“舞台”。如《婚嫁》，就在新郎新娘的堂屋里表演，一问一答，一唱一和，释比还可即兴发挥，见人唱人，见物唱物，场面生动活泼，情绪热烈欢快。

释比戏

释比戏

花灯戏

花灯戏是羌族民间戏剧之一，是羌族群众喜爱的文艺形式。其中北川羌族自治县墩上乡岭岗村许家湾的花灯戏很有特色。它原为农民庆贺丰收及春节时围灯边唱边舞的“跳灯”，被后来的民间艺人在此基础上进行了动作上的改编和创作，配以山歌、曲子等形式进行表演，逐渐发展成为有故事情节的“灯戏”。由于表演者均手持五彩灯笼，故名“花灯”。因有十二盏五彩花灯，而原地名许家湾，故称“许家湾十二花灯戏”。其表演者全部是男性且多采用男扮女装的形式，以锣鼓、唢呐、笛子、二胡等乐器伴奏，独唱、对唱、领唱、帮腔等伴着舞蹈。每年正月初一出灯，正月至二月初为玩灯时间，由会首组织到各家各户去表演，表示对新年的祝福。该花灯戏被列为四川省级非物质文化遗产名录。

花灯在当地羌族人民心中是神的象征，能驱邪逐鬼。在演出前，演员们要到庙里去祈祷神灵保佑。花灯表演的主要内容是讲玉皇大帝的七个女儿（或天神阿爸木比塔的七个女儿）在天门土地神的带领下，来到人间拯救受苦受难的羌族百姓的故事。演出时间一般在每年农历正月初一至二月初，由9~12人参加舞蹈，另有配合演出的乐队等人员。演出节目有《白花山》《龙凤配》《白花公主》《审土地》等。花灯的主要动作是碎步，给人以飘逸、轻快、优美的感觉，具有浓厚的乡土气息。

许家湾十二花灯戏

民间乐器

羌族乐器主要有羌笛、口弦、唢呐、锣、钹、响盘、羊皮鼓、肩铃等。其中，以羌笛最具特色。

羌笛

◀ 民间乐队

羌笛是古羌人创制的一种古老乐器。它历史悠久，早期是牧羊羌人使用鹰腿骨制作的牧羊鞭竿上钻四个孔而横吹的一种乐器，兼具赶羊与吹奏乐曲的双重功能。东汉马融在《长笛赋》中写道“近世双笛从羌起，羌人伐竹未及已”，可见羌笛已从骨制到竹制，并由横吹改造成双管并列竖吹。在唐代时羌笛是边塞上常见的一种乐器，经常出现在边塞诗中。“黄河远上白云间，一片孤城万仞山。羌笛何须怨杨柳，春风不度玉门关。”唐朝诗人王之涣的这首《凉州词》已成为千古绝唱。宋代也有范仲淹的《渔家傲·秋思》：“羌管悠悠霜满地，人不寐，将军白发征夫泪。”羌笛的曲调悲壮苍凉，在唐诗宋词所构筑的文学世界里，羌笛和羌人往往和戍边、征战联系在一起。

▲ 鹰骨羌笛

知识链接 **长笛赋 马融（东汉）**

近世双笛从羌起，羌人伐竹未及已。
龙鸣水中不见已，截竹吹之声相似。
剡其上孔通洞之，裁以当篴便易持。
易京君明识音律，故本四孔加以一。
君明所加孔后出，是谓商声五音毕。

竹质羌笛

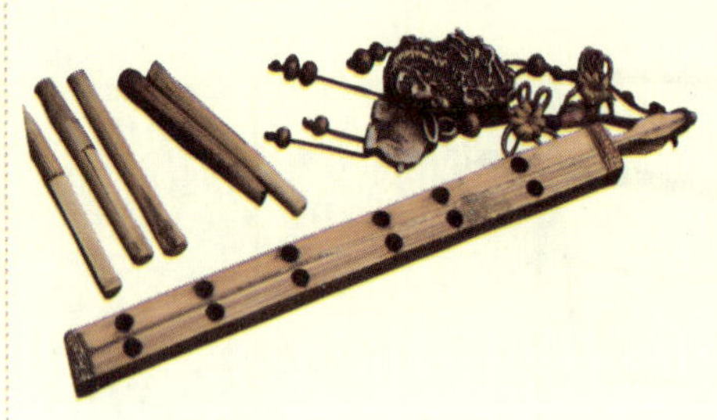

据史料记载，西汉前，羌笛面上有四孔，公元1世纪时由汉朝宫廷乐师章房增加了一高音按孔，使之成为五孔。发展到近代，羌笛已成六孔。

现流行在岷江流域羌人中的羌笛多用当地高山上生长的箭竹制成，一般选用杆直、筒圆、节长、头尾粗细较均匀、质地坚韧、不易开裂的竹管为材料。将其截成15~20厘米，在清水中浸泡后蒸煮两小时，取出阴干后在管身开孔。根据竹管的长短、厚薄、大小测定音准。将两根筒孔大小一致的竹管并在一起，用丝线缠绕，笛管上端装有4厘米长的竹制吹嘴，吹嘴正面用刀削平，并在上端约3厘米处，用刀切开一薄片作为簧片。最后对羌笛还要进行防腐处理，上漆打磨，最好安装红色飘带和

制作羌笛

演奏羌笛

串珠。

羌笛的演奏技巧不易掌握，表演者需要使用鼓腮换气法，即鼓起双腮，让气流从鼻孔自由出入于肺部，口腔所鼓的腮，就是演奏羌笛时气流的仓库和中转站。这实际上是一种循环换气法，一首乐曲，无论长短，一气吹成，演奏中不能停顿。还有喉头颤音、手指的上下滑音等技巧，加之双管制作的律差、双簧共振的音响，其音色清脆高亢，音层互垫，双音叠韵，音色柔和，悠扬婉转，并带有悲凉之感，最适于独奏，也可为歌舞伴奏。羌人常用它来抒发喜怒哀乐及思念向往等情感。细长的竹管犹如远古先民呐喊之声，是旷野里最动听的天籁之声。

羌笛以其深厚的历史价值和独特的音律、音色及吹奏技巧等，成为我国民族乐器宝库中难得的珍品，由茂县申报的“羌笛的演奏及制作技艺”于2006年被列入第一批国家级非物质文化遗产名录“民间音乐”类。

羌族口弦

口弦是一种非常古老的乐器。据史籍记载，至少在公元4世

演奏口弦

纪末，四川、云南、贵州一带的少数民族地区，口弦就已非常流行。口弦的品种较多，根据制作材料的不同，有竹制和金属制的口弦；根据簧片数目的不同，有单片弦和多片弦；因演奏方法的不同，又有用手指弹拨和用丝线抻动的口弦。

口弦可随身携带，可随时随地演奏娱乐

羌族口弦是羌族女性所喜爱的一种用青竹制成的小型乐器。口弦长约11厘米，从中分为一头宽约1.3厘米，另一头宽约0.8厘米，成酒瓶形状的小竹块，再将中间雕刻成长约8厘米的形如笙管中的簧片。口弦两头各凿一小孔，前孔（小头处）穿麻线，左手无名指、小指挽之，大、食二指捏穿孔处，横侧贴腮靠近微微张开的嘴唇间，以气鼓簧片。后孔（大头处）用近30厘米的麻线穿之，以右手食、中二指挽线将其徐缓牵动，鼓顿有度，其簧闪颤成声。

演奏者利用双唇向前突出使筒状增加共鸣、扩大音量，并借以口型交换和控制呼气等方法，变化出不同的音色。口弦音的改变全凭演奏者扯动麻线的力度和舌头触及簧片的位置以及口形大小、口中气流的强弱而定，演奏难度大，方法和技巧非常难掌握。口弦曲调大多即兴创作，音域较为狭窄，一般在八度之内，系五声音阶。运用不同的奏法，口弦既能发出余音袅袅的音色，也能发出较粗犷的音响。

由四川省北川羌族自治县申报的“口弦音乐”已于2011年被列入国家级非物质文化遗产名录扩展项目名录“传统音乐”类。

唢呐

唢呐，是羌民最喜爱的乐器之一。在羌寨，无论是婚丧嫁娶，还是节日聚会，都能听到那嘹亮的唢呐声。唢呐一般以铁皮卷筒，木把。其音域较广，吹奏时旋律很强，其曲调既可欢快、热烈，也可低沉、悲伤。代表性的唢呐独奏曲有《桃花》《东北风》《长牵牛》《观音扫殿》《小开门》《闹山红》《哭皇天》《将军令》《丁角子》《火烧打》《万年青》《一把扇》《十二杯酒》《大开门》《接送亲》《离娘调》《出席调》等。

吹奏唢呐

盘铃

盘铃，又名响盘。铃体铜制，圆盘状，呈喇叭口形。铃高4~6厘米，铃口边缘外翻，有一圈较平的宽边，直径10~16厘米，铃壁较厚。盘的中心钻有细孔，细孔中穿以带圆环的木螺丝，与盘底木制铃柄相接。盘内圆环中系有金属铃舌，其活动范围正置于铃口的宽边上。在铃柄的末端系有装饰物。

盘铃

演奏时，演奏者手执铃柄、铃口朝上摇奏，使铃舌碰击铃壁而发音，音色清朗、脆亮。旧时，盘铃是羌族宗教仪式上使用的节奏乐器，常用于祭祀活动表演傩舞中，它常与羌族手鼓同时使用。既可以一人双手各持一个盘铃摇击演奏，也可以由击鼓者兼奏。兼奏者左手同握鼓柄和铃柄，其节奏与鼓点相同。如今，盘铃已在民间歌舞伴奏中广为应用，富有浓郁的民族风格。

第八章 凤凰涅槃

2008年5月12日，一个平常的日子，下午2点28分，却发生了震惊世界的大地震，震中位于四川省汶川县映秀镇。大地震发生范围覆盖了羌族的主要聚居区。面对特大自然灾害，在党中央、国务院的高度重视下，在全国人民的大力支持和各级政府的正确领导下，中国各个行业急速反应，以各种方式第一时间投入抗震救灾。经过抢险救援、过渡安置的百日攻坚，羌区各县顺利进入到恢复重建阶段，逐步绘就了一幅幅新的震后发展蓝图。

灾难降临

山崩地裂，江河沸腾，天地易容，一场惨烈的自然灾害突然降落人间。2008年5月12日，这场里氏8.0级的大地震是新中国成立以来破坏性最强、波及范围最广、救灾难度最大的一次地震。

地震后的理县桃坪羌寨

羌族聚居的主要地区汶川、北川、茂县、平武是地震发生的极重灾县（共有10个极重灾县、市、区），理县、黑水、松潘是重灾县，其中最严重的汶川、北川因灾死亡和失踪人口都超过1万人。地震中，遇难69 227人，失踪17 923人，其中羌族遇难人数达37 315人，占四川全省遇难人数的54.35%，失踪16 456人，占四川省失踪人数的94.33%。尤其是震中汶川县映秀镇和北川羌族自治县治所曲山镇被夷为平地，人员伤亡十分惨重，基础设施尽数被毁。“5·12”大地震给羌区人民生命财产造成特别重大的损失。

亲切关怀

地震灾害当天晚上，中共中央政治局常务委员会召开会议，全面部署当前抗震救灾工作。中共中央总书记胡锦涛主持会议。会议听取了有关部门关于四川省阿坝藏族羌族自治州汶川县等地地震灾情的汇报。会议强调，灾情就是命令，时间就是生命。灾区各级党委、政府和中央各有关部门一定要紧急行动起来，把抗震救灾作为当前的首要任务，不怕困难，顽强奋战，全力抢救伤员，切实保障灾区人民群众生命安全，尽最大努力把地震灾害造

汶川不哭

成的损失减少到最低程度。

灾后乐观坚强的羌族姐妹

5月12日下午，刚从河南考察抵京的中共中央政治局常委、国务院总理温家宝得知四川强震的消息，第一时间折返机场奔赴灾区。12日晚上11点40分，他在地震灾区都江堰临时搭起的帐篷内召开国务院抗震救灾指挥部会议，分析当前抗震救灾形势，部署下一步抗震救灾工作。随后的4天内，温家宝总理辗转9次视察7地灾情。

地震发生后的一个月内，中共中央政治局5次开会部署抗震救灾，胡锦涛总书记、温家宝总理等多位国家领导人亲赴北川、汶川等灾区慰问受灾群众，看望救援人员，协调各级政府各个部门，指导抗震救灾工作。

与此同时，中国人民解放军、救援队伍、医护人员和志愿者从全国各地奔赴灾区，冒着持续不断的余震，救援人员近乎不眠不休地从地震废墟下抢救生命，食品和药品等救灾物资不间断地向灾区输送，汽车、火车和飞机超负荷运载，生产救灾物资的工厂24小时开机生产，等待无偿献血的人们排起长龙，来自社会各界的捐款不断增长……全国人民及社会各界将无疆大爱源源不断地传递给灾区人民，共渡难关、共克时艰，生动诠释了“一方有难、八方支援”的中华民族传统美德。

对口支援

为举全国之力，加快地震灾区灾后恢复重建，充分发挥社会主义制度集中力量办大事的巨大优势，党中央、国务院在安排3 000亿元中央财政灾后恢复重建基金的同时，决定建立对口支援机制。2008年6月11日，国务院办公厅印发《汶川地震灾后恢复重建对口支援方案》。《方案》确定广东、江苏、上海、山东、浙江、北京、辽宁、河南、河北、山西、福建、湖南、湖北、安徽、天津、黑龙江、重庆、江西、吉林等19个省市立即组织开展灾后恢复重建对口支援工作。根据国家地震局提供的汶川地震烈度区划和四川省提供的受灾县（市）灾情程度，将四川省北川羌族自治县、汶川县、青川县、绵竹市、什邡市、都江堰市、平武县、安县、江油市、彭州市、茂县、理县、黑水县、松潘县、小金县、汉源县、崇州市、剑阁县共18个县（市），以及甘肃省、陕西省受灾严重地区作为受援方。《方案》统一部署对口支援任务，创新提出“一省帮一重灾县，举全国之力，加快恢复重建”，明确要求19个省市以不低于1%的财力对口支援重灾县市3年。之后，对口支援机制全面建立并投入运转，在最短的时间内动员数万名援建干部、技术人员、施工人员赶赴灾区一线工作。

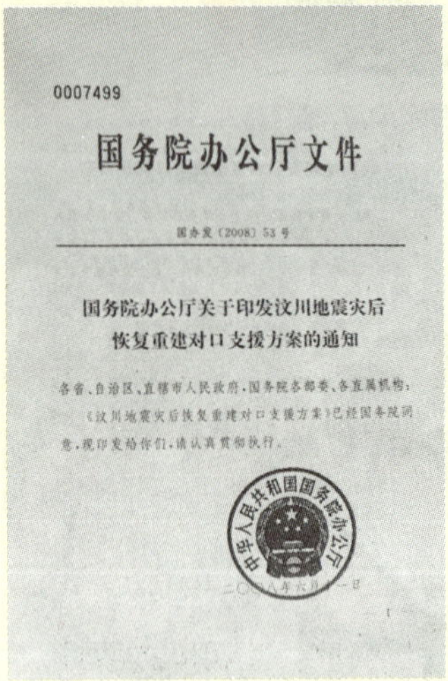
0007499

国务院办公厅文件

国办发〔2008〕53号

国务院办公厅关于印发汶川地震灾后恢复重建对口支援方案的通知

各省、自治区、直辖市人民政府，国务院各部委、各直属机构：

《汶川地震灾后恢复重建对口支援方案》已经国务院同意，现印发给你们，请认真贯彻执行。

国务院办公厅关于印发汶川地震灾后恢复重建对口支援方案的通知

涉及灾区主要羌族分布县的对口支援省份：

山东省——四川省北川羌族自治县

广东省——四川省汶川县

山西省——四川省茂县
湖南省——四川省理县
河北省——四川省平武县
吉林省——四川省黑水县
安徽省——四川省松潘县

对口支援省市在加快民生项目、基础设施恢复重建的同时，立足灾区长远发展，“硬件”与“软件”结合、“输血”与“造血”并重，在人才培养、产业发展等方面加大支援力度。各对口支援省市充分发挥自身在人才、技术、管理等方面的优势，通过采取双向挂职、两地培训和支医、支教、支农等办法，为灾区培养了大量医疗卫生、项目管理、施工监理、城乡规划等技术人员和各级干部，给予受援地区有力的支持。截至2011年5月10日，大地震发生近3年，全国19个对口支援省市全力以赴投入灾后恢复重建，共实施对口支援项目4 121个，安排对口支援资金843.8亿元。对口支援的创举为加快灾区重建速度、提升重建质量和水平做出了突出贡献。在羌区，对口支援省市实现了中央确定的“三年任务两年基本完成”目标，一个个设施齐全、功能完善、环境优美、羌族文化特色浓郁的新县城拔地而起，羌区各县的重建创造了令世界难以置信的奇迹。

山西援建茂县的中国羌族博物馆

2009年6月8日，山东省援建北川羌族自治县首批项目暨山东产业园区开工，表示着北川新县城建设正式、全面拉开帷幕

知识链接

山东省援建北川羌族自治县 2010年11月，经过两年多的艰苦努力，山东省圆满完成了对口支援北川灾后恢复重建任务。两年来，山东省按照科学援建、 务实援建、和谐援建的工作思路，在山东省直20多个部门和17个援建市、500多名援建干部、3万多名建设者和北川人民的共同努力下，顺利完成了“农村、乡镇、新县城、工业园区援建和人力智力支持”五项任务，共援建各类项目369个，合计120亿元。

其中，“交钥匙工程”253个，包括新县城项目82个，乡镇项目168个，完成投资56.1亿元；“交支票工程”38个，完成投资23.8亿元。农村援建，重点帮助农户进行永久性住房维修和重建，统筹推进现代农业发展和社会主义新农村建设；乡镇援建，建立全省17市对口援建北川22个乡镇的工作机制，以“水、电、路、医、学”等基础设施和民生项目为重点，着力恢复各乡镇驻地的基础设施和公共服务功能；人才智力援建，以组织实施“两训、双挂、三支”为载体，积极开展对口支医、支教、支农等工作；产业援建，建设了现代农业示范园和农产品交易中心，建成了1.4平方公里的产业园区，总投资21.7亿元，建设了7万平方米的羌族特色商业步行街，为北川经济社会发展打下了基础。

广东省援建汶川县 广东支援四川抗震救灾、恢复重建资金共112亿元。其中，前期救援物资、板房建设25亿元，对口支援汶川县恢复重建资金87亿元。2010年9月，经过两年多的艰苦奋战，由广东省投资82亿元援建的702个项目全面竣工。广东援建坚持“输血”与“造血”并重，把广东的市场优势、产业优势、人才优势与汶川县的资源优势、特色优势结合起来，培育发展当地特色产业，增强“造血”功能。投资3 000万元建成的威州镇建材、农贸批发市场，吸引国内众多的建材企业入驻威州，既解决灾区建设的需要，又发展当地经济，同时培养了一批懂市场、善经营的管理人才。安排了4亿元援建资金在成都建设“广东—汶川工业园”，突破了汶川发展工业受土地制约的瓶颈，同时以工业园区为平台，鼓励广东企业到灾区投资创业，以“走出去、请进来”的方式，推动粤汶、港汶经贸合作。

湖南省援建理县 2010年10月10日，湖南省对口支援四川灾后重建项目竣工交接仪式在四川理县文体中心广场举行。经过湖南援建者两年多的艰苦努力，理县灾后重建9大类99个项目，总投资达20.1亿元的援建项目全部竣工。在18个援建省份中，理县创造了第一个启动实施农村安全饮水与农田灌溉工程、第一个把资源整合理念贯穿于整个灾后恢复重建之中、第一个实现学校建设项目在2009年8月整体交付使用、第一个启动实施精神家园重建项目、农村公路硬化里程第一的骄人佳绩，为理县经济社会跨越发展奠定了坚实的基础。

山西省援建茂县 在党中央做出“一省帮一重灾县（市）”的决策部署后，山西举全省之力，迅速展开了对口支援茂县灾后恢复重建工作。经过3年多的奋斗，山西省坚持科学援建、和谐援建、依法援建，共完成学校、医院、住房、公路道路、广播电视、羌族博物馆和工业经济园区等10大类226个项目，投入援建资金21.62亿元，帮助茂县累计完成投资72亿多元，圆满完成了中央交给山西的援建任务。

茂县县城

数万名援建工作者奔赴羌区各县，承担了重要项目的工程建设，开展医疗卫生服务、交通勘测设计、地质灾害评估、水利踏勘、农房重建技术指导、维护社会稳定等多方面工作，不畏艰险、倾情奉献，用辛勤汗水、无穷智慧和无私奉献，谱写了大爱大义的善行义举，留存了催人泪下的感人故事，演绎了血浓于水的骨肉真情，抒写了倾情帮扶的至亲厚意和与灾区群众血脉相连的手足之情，他们为羌区各县迅速恢复重建和发展振兴做出了不可磨灭的贡献。

文化重建

“5·12”特大地震后，党中央和国家领导人高度重视灾后文化重建。时任中共中央政治局常委、国务院总理温家宝先后多次赴四川重灾区北川、汶川等地，强调要保护好羌族特有的文化遗产，表达了对羌族人民的关心和对羌族文化保护的高度重视。震后，各方力量迅速组织积极抢救保护羌族文化遗产。政府方面，从中央政府到灾区地方各级政府以及援建地区都投入了大量资金，并给予了政策支持；众多民间机构如公益组织、基金会、羌学会等发挥民间力量做了大量工作；许多高校和研究机构研究人员也立即进入灾区从事调研，为灾后文化重建提供理论和智力支

汶川特大地震纪念馆

持。灾后，羌区文化保护研究实现了一个大跨度，文化重建工作取得了显著成就。

颁布了一系列羌族文化遗产保护政策法规。2008年5月20日文化部转发了江苏省文化厅发布的关于东部地区文化部门和文化工作者开展对四川、甘肃、陕西等地震灾区文化系统对口支援的《倡议书》，是为震区震后文化保护（包括羌族文化震后保护）的序幕。6月3日四川省文化厅公布了《羌族文化生态保护区初步重建方案》。9月19日国务院颁发《汶川地震灾后恢复重建条例》，明确把保护和抢救羌族文化列为重要内容。此后，羌区各级政府相继出台了一系列抢救保护羌文化遗产的地方法规。这些政策法规为完成震后羌族文化遗产抢救和重建工作并使其步入有序的保护发展轨道奠定了坚实基础。

汶川博物馆

建立了羌族文化生态保护实验区并逐步落实实施方案。震后，文化部与四川省、陕西省积极配合，商讨地震灾区包括羌族非物质文化遗产的抢救方案，组织专家编制了《羌族文化生态保

护实验区规划纲要》并进行多次修改和完善，确定了羌族文化生态保护实验区的范围，即羌族主要聚居区茂县、汶川、理县、北川羌族自治县，以及毗邻的松潘县、平武县、黑水县，陕西省宁强县、略阳县等部分相关地区。2008年7月，《羌族文化生态保护实验区规划纲要》公布。2008年10月，文化部正式设立羌族文化生态保护实验区，并将羌族文化生态保护实验区建设纳入了国家汶川地震灾后恢复重建总体规划。这是继闽南、徽州和热贡之后，我国第四个文化生态保护实验区。

北川的羌族手工艺体验中心

茂县羌绣传人李天秀在灾区开展妇女就业培训

进行了羌族文化遗产普查工作以及对文保单位的维护工作，加强了对非物质文化遗产的保护及对文化传承人的扶持。大地震发生后，文化部、国家民委、国家文物局联合成立了“羌族文化遗产保护工作协调小组”，以指导和推动羌族受灾地区的文化抢救与保护工作。各级政府高度重视，积极行动，组织调研组，赴灾区

2013年11月3日，茂县群众喜迎中国古羌城开城

考察、评估羌族文化遗产受损情况。

重建了羌族文化公共设施，新建系列文化重点工程。经过灾后重建，羌区各县的公共文化设施得到修复和重建，并增设了一批新的文化场所，体育馆、博物馆、图书馆、非物质文化遗产展示中心等建设工作全面完成，县、乡、村三级公共文化体育服务网络进一步完善。

各业兴旺

在党中央的关怀下，在对口省份的支援下，在全国人民的支持下，羌区各县人民全力以赴，创造了在灾难后重生、在重建中跨越的奇迹，谱写了崛起危难、感恩奋进的辉煌篇章。曾经满目疮痍的地震灾区发生了脱胎换骨的巨大变化，重新焕发出生机和活力。

丰收

产业恢复发展势头强劲，各地农村经济持续发展。如茂县实施了

农业基地强县建设，新建特色水果标准化基地、蔬菜标准化核心示范园数万亩，精心培育“特色果、绿色菜、生态畜、道地药”等特色优势产业，被四川省认定为整县无公害基地县。北川特色农业发展迅速，全县茶叶、中药材、魔芋、高山蔬菜等农林特色产业基地达到70万亩。汶川则以省级现代农业、林业重点县建设为载体，推进现代农业标准化、集约化、品牌化发展。在工业上则改造提升传统产业、做强核心产业、扶持培育新兴产业，积极支持工业企业抗灾自救，强力推进工业园区建设，初步建成能源、建筑、机械、制造、化工、食品加工等门类齐全的工业体系，涌现出永昌、威州、凤仪等新兴工业城镇。以旅游业为龙头的第三产业快速发展，如汶川恢复重建了卧龙、三江、萝卜寨等受损旅游景区，着力打造地震遗址纪念地、羌人谷文化生态体验区，大力推进藏羌文化走廊、熊猫遗产走廊建设；茂县则全面推进羌文化产业示范园区建设；北川新县城的巴拿恰逐步成为国内知名的体验禹羌文化的特色商业街区。同时，各县在震后建设了示范性村寨，选择一些自然生态环境良好、传统文化生态保护较为完整的村落进行规划建设，如北川县的恩达羌寨、吉娜羌寨，汶川的萝卜寨，理县的桃坪羌寨，茂县的牟托、甘青、坪头等羌寨，且不少已成功申请为国家AAAA级旅游景点。这些羌文化特色景区接待游客和旅游总收入日益上升，辐射带动了群众增收致富。

▲

茂县坪头羌寨

欢乐

基础条件极大改善，实现新突破。各县、乡、村道公路网络建成，大力实施了通乡公路、县际公路、旅游公路建设等专项工程，形成了安全畅通的公路交通运输网络。通信水平全面恢复提升，电信、移动通信实现了全覆盖。生态工程有序推进，环境质量明显提高。短短几年时间，羌区城乡面貌焕然一新。几十万城乡居民住房维修加固和住房重建全面完成。一大批民族特色浓郁、功能配套完善、环境整洁优美的村寨构成了一道道亮丽的风景线。

羌寨村道

社会事业全面发展，迈出新步伐。羌区教育事业被提高到优先发展的战略地位。整个地区普及了九年义务教育，形成了较为完整的现代教育体系。此外，各地还广泛运用现代化教育手段，开展远程教育、电化教育、实验教学，使学生整体素质有所提高。稳步推进新型农村合作医疗制度，农村卫生事业得到进一步发展，各县参合率达到95%。各县、镇、乡的各级医疗卫生网建设粗具规模，有县医院、妇幼保健站、防疫站、中医院、羌医研究所、乡镇卫生院等机构，并有中等卫生学校、卫生进修学校等人才培养基地，购置了大量先进设备，服务功能日臻完善。羌区广播和电视有效覆盖率大大提升，同时，图书发行、群众文化活动、文博事业亦日益发展，建立了设施齐全的图书馆、文化馆、档案馆和博物馆，成立了各种艺术表演团体，人民群众文化生活愈加丰富。

牵手幸福桥，开始新生活，灾后北川吉娜羌寨举行集体婚礼

莎朗蹁跹庆新校

如今，曾经山河破碎的羌族地区旧貌换新颜，经济发展提速加快，基础设施全面改善，生态环境逐步修复，城乡建设统筹推进，集镇风貌焕然一新。社会稳定，民族团结，人民生活蒸蒸日上，四处呈现出欣欣向荣的景象。灾后重建的羌区各县涅槃新生，展现出蓄势跨越的蓬勃生机！

第九章
羌乡名胜

羌区处于青藏高原向四川盆地过渡的高山峡谷地带，具有多样化的气候特点。区内群峰矗立，河流环绕，这里既有高山牧场，也有低谷田野，一年四季呈现出变幻的绮丽风景，构成了生机盎然的原生画卷。

九顶山风景区

九顶山风景区因有九峰而得名，位于四川省阿坝藏族羌族自治州茂县南新镇境内。海拔4 969.8米，面积190平方公里。景区以高山自然风光为基调，珍奇悠久的羌文化为烘托，融合奇山异峰、峡谷溶洞、高山草甸、高山杜鹃、高山海子、古树森林、绝壁山崖、溪泉瀑布、珍稀动植物及历史遗迹、红军文化、宗教文化和民俗风情等绚丽多彩的自然景观和人文景观。

九顶山

黑虎羌寨

黑虎羌寨位于茂县西北的群山之中，为四川省级文物保护单位。该寨古称“黑猫寨”，寨民以狩猎为生，居住于悬崖峭壁上。现保留有较完好的9个四角、八角、十二角形石碉，仍保持了当年风烟滚滚的御敌气势，碉楼大多建于宽不足10米的垂直山脊上，碉下有石砌民居与之相连接，是古代羌民重要的防御建筑群。其“依山居止，累石为室”的建筑风格和原汁原味的羌族生活风貌，是领略羌寨风情，研究古羌历史文化的活化石。

黑虎羌寨

清朝，寨中出了位被推崇的“杨四将军”，他是当时唯一能领导“黑猫寨”羌人英勇抗敌的英雄，被后人尊称为“黑虎将军”，该寨也改称“黑虎寨”，如今黑虎羌寨妇女仍头包白头帕，即为纪念这位英雄而戴的万年孝。

叠溪——松坪沟景区

叠溪——松坪沟景区位于四川省松潘、黑水和茂县交界处，为国家AAAA级景区。这里自古就是交通枢纽地，茶马古道曾是这里一条重要的通道。景区湖光山色堪比九寨，人在其中仿佛置身童话世界，故有“小九寨”的美誉。

松坪沟墨海

营盘山遗址

营盘山遗址，发现于2000年，位于四川省茂县凤仪镇，在岷江东南岸三级台地上，背靠九顶山，总面积近15万平方米。

营盘山遗址是一处自新石器时代到明清时代的文化遗址。这里还是一处规模宏大、分布密集、延续时间甚长的石棺葬墓地，分布的石棺葬总数可达数万座，堪称国内罕见。同时，这

营盘山遗址所在地

里也是藏彝走廊地区乃至长江上游地区目前发现的面积最大、时代最早、文化内涵最为丰富的大型中心聚落。遗址出土的文物包括四川地区发现得最早的陶质雕塑艺术品，国内发现的时代最早的人工使用朱砂的遗物，长江上游地区发现的时代最早及规模最大的陶窑址等，是弄清古代文化传播、民族形成、迁徙、交融以及与成都平原和三星堆联系的桥梁。营盘山遗址被专家评为打开研究古蜀文化的“金钥匙”，对探讨古蜀文化与马家窑文化和仰韶文化的关系具有重要的科学价值，被公布为第五批四川省重点文物保护单位，是中国21世纪重大考古发现之一。

三江生态旅游区

三江生态旅游区位于四川省汶川县三江乡境内，西河、中河、黑石河在此汇合，故称三江。景区总面积188平方公里。三江生态环境优异，野生动植物资源极其丰富，除大熊猫外，还有金丝猴、牛羚等几十种被列为国家级重点保护的珍稀濒危动物，植物有近4 000种，其中珙桐林面积达30 000亩以上，是全世界面积最大的天然珙桐林。三江历史文化底蕴深厚，是历史上成都平原通向大、小金川的茶马

三江生态旅游区

古道必经之地，也是距离成都平原最近的嘉绒藏乡，是汉、藏、羌民族文化和谐交融之地。

萝卜羌寨

萝卜羌寨位于距离四川省汶川县雁门乡城区约15公里，海拔2 000多米的高山上，是羌区最大的寨子之一，被誉为云朵上的“街市”“古羌王遗都”，至今已有4 500多年历史。建筑之初考虑到对外战争防御，形成了家家相连、户户相通的上、中、下三层立体交织的军事堡垒，整个村寨几乎一体。和一般羌区的石头碉房不同，萝卜羌寨的房子都用山顶的黄泥和木材建成，这在岷江峡谷流域也是少见的。2008年汶川地震中，萝卜羌寨因距离震中仅5公里，成为汶川县伤亡最严重的村寨之一，这个村寨损毁殆尽。目前，新的萝卜羌寨已经建成，位于旧寨子东侧1公里左右。一座座新房依然保留着“黄泥、青石、红门、黄窗”的特色外貌，屋顶用青石片做成羌族建筑的装饰，窗户上镶着羌族的图腾，宽宽的巷道里依旧铺着青石板。

萝卜羌寨

四川卧龙大熊猫自然保护区

四川卧龙大熊猫自然保护区位于汶川县境内，包括卧龙、耿达两个乡，是四川省政府直辖的一个特区。它始建于1963年，是中国最早建立的综合性国家级保护区之一。该区东西长5 200米，南北宽6 200米，总面积约70万公顷。卧龙大熊猫自然保护区处于邛崃山脉东麓，青藏高原向四川盆地过渡地带的高山峡谷区，沟内海拔相对落差5 100米，最高峰四姑娘山海拔6 250米。这里峰峦重叠、云雾缭绕，原始森林、次生灌木林、箭竹林郁郁葱葱。卧龙大熊猫自然保护区以“熊猫之乡”“宝贵的生物基因库”“天然动植物园”享誉中外，有着丰富的动植物资源和矿产资源。区内共分布着100多只大熊猫，约占全国总数的10%。

四川卧龙大熊猫自然保护区 ▶

布瓦黄泥群碉

布瓦黄泥群碉，是全国重点文物保护单位，位于汶川县威州镇布瓦村。该村已有2000多年的历史，地处岷江河以西的高山地带，俯瞰威州城区。据考，“布瓦”一名源于羌语谐音的音译，含义是黄泥土峰。这里土碉和石碉数量共达49座，依山势

布瓦黄泥群碉 ▶

和村落布局南北分布。整个群碉分布东西长4 000米，南北宽3 000米。碉有八角碉、六角碉、五角碉、四角碉等。群碉巍峨雄伟，高耸云天，墙体光滑如削，棱角笔直分明，是我国民族建筑宝库中一颗璀璨夺目的明珠。

龙溪羌人谷

龙溪羌人谷，位于汶川县龙溪乡。羌人谷，古为著名的茶马古道西北线。羌人谷内的阿尔羌寨是一座具有两千多年历史，至今保存着完整羌族民风民俗的古老羌寨，羌寨内保留有完整的古羌碉两座，羌族祭山神、释比文化、羊皮鼓舞等具有神秘古羌色彩，还有不少民族绝艺更是让人叹为观止。东门口寨位于谷口，寨内道路纵横交错，四通八达，清澈的溪水绕寨而过，是古霸州城遗址。该寨中红军长征时书写的标语历历在目。“二里坡”是一处深藏在原始森林里的古羌王遗址。龙溪羌人谷是探古访幽、体验古羌文化和神秘的绝佳去处。

龙溪羌人谷

桃坪羌寨

桃坪羌寨位于岷江上游杂古脑河畔的理县桃坪乡。它始建于公元前111年，距今已有两千多年的历史，是羌族建筑群的典型代表，完整地保存了羌族古老的民族特点，背山面水，坐北朝南，布局严密工整。所有建筑均以石块垒砌而成，远远望去，一片黄褐色的石屋皆顺陡峭的山势依坡逐次上垒，或高或低，错落有致，其间碉堡林立、气势不凡、风格独特。羌族建筑工艺精湛，构思独特，为防御敌人侵略，所有住房都互相连接，进入巷道，就像进入迷魂阵，古羌先民引山泉修暗沟从寨内房屋底下流过，饮用、消防取水十分方便，人行寨内但闻水声叮咚于地底。桃坪羌寨因典型的羌族建筑、交错复杂的道路结构被称为“东方神秘古堡”，是世界保存最完整的羌族建筑文化艺术“活化石”。

桃坪羌寨 ▶

寻龙山景区

寻龙山 ▶

寻龙山景区，位于北川羌族自治县永昌镇，是国家AAA级旅游景区，属第二批中国国家地质公园，有奇特的喀斯特地貌和砾石岩群，集奇秀的自然风光和蜀汉人文风情于一体而扬名巴蜀。龙隐镇，位于寻龙山旅游区的西北部山腰。由于该镇完整保留了川西北山地小镇的风貌，先后吸引了《王保长》《淘金记》《格达活佛》等多部电视剧到此地拍摄。卧龙洞是中国罕见的特大型砾岩喀斯特溶洞，被地质学家誉为“天然的地质博物馆”和“美丽神奇的地下香格里拉”。

药王谷景区

药王谷景区，位于四川省绵阳市北川羌族自治县境内的药王山上，是一个以中医药养生为主题的山地旅游度假区。药王谷所在区域盛产中药材，山林遍生百年药树，相传中华医药始祖岐伯和药王孙思邈都曾长住此山采药治病，山上居民一直有供奉药王菩萨的习俗，药王谷因此得名。药王谷内分布着7 000余亩连片森林，众多珍贵稀有中药材树，或聚生成林，或散生于森林之中，树龄高达500余年。60余种中药材观赏花卉，每年3月至11月鲜花次第绽放，万花成海，依山成势，形成壮观的高山四季药花花海奇景。

药王谷

九皇山景区

九皇山景区位于北川羌族自治县，为国家AAAA级旅游景区。九皇山景区地形变化较大，西北高，东南低，最低海拔620米，最高海拔2 840米。平通河流经过的山谷——桂溪河峡谷构

▲

九皇山

成了区内主要地形空间。地形起伏变化多端，河谷西侧是个多层次的斜坡，东侧是壁立刚劲的峭崖，喀斯特地貌特征十分典型。景区内有猿王洞溶洞景观、羌寨风情园度假村、观光索道、情人桥、溜索、尔玛生态文化艺术墙、中国最大的天然（徒手）逮猎场、云宝顶运动休闲区、羌情园民俗文化区、彭家梁民俗生态休闲区、跳跃式高空管式滑道、天然矿物质温泉洗浴中心等，共同构成了九皇山景区生态多样性与文化多元性、运动休闲性与观光娱乐性有机结合的景区特色。

大禹故里风景名胜区

大禹故里风景名胜区，位于北川羌族自治县禹里羌族乡境内，1989年被绵阳市人民政府批准为市级风景名胜区，景区总面积30平方公里。这里是古代治水英雄大禹的出生地，自古被称为“神禹故里”。1992年，国家主席杨尚昆为这里题写了“大禹故里”的条幅。

大禹故里风景名胜区主要景点有禹穴沟、采药山、石纽山、摩岩甘泉、三叉河、誓水柱、禹庙、金锣岩、刳儿坪、禹州池、一线天、血石流光、猿王洞等。石纽山日落日出之时有五色霞气。每当雨后，白云飘浮于石林中，石峰忽隐忽现，变化万千。禹穴沟是一条十几里长的峡谷，峡谷内岩崖陡峭，怪石嶙峋，桥头李白所书的“禹穴”二字犹存。清朝石泉知县余炳虎曾以“石纽停云”“双江分色”“索桥晓度”“西山叠翠”“奎角连云”“禹穴听泉”“悬崖滴水”“血石流光”等8首诗抒发了对大禹故里的热爱赞叹之情。

大禹故里风景区

茂县中国古羌城

茂县中国古羌城，国家4A级旅游景区，位于茂县岷江西岸，坐西朝东，背靠水西，脚抵岷江，面向九顶山，占地3 000余亩，规划面积215万平方米，建筑面积为25万平方米，建筑基础面积14万平方米。羌城由中国羌族博物馆、羌族非物质文化遗产传习中心、城门、游客服务区、官寨、原始部落、牧业区、狩猎区、神庙、宗教祭祀、祭祀台、羌民居、民族手工业、羌绣加工区、山寨旅馆、演艺中心、原生态保护区等以及多个循环经济生态产业链组成。城内安置羌民近1 000户，以生产、生活与娱乐的方式展现羌族自然、生态、

茂县中国古羌城

真实和古朴的风土人情。中国古羌城保持羌族原有的建筑风貌、民风民俗、祭祀礼仪，是中国的羌族文化活态展示、展演区及文化休闲地。

牟托羌寨

牟托羌寨，国家4A级旅游景区，位于四川茂县南新镇西南端的岷江边，是从汶川进入茂县的第一座羌寨，被誉为“茂县南大门”。“牟托”是羌语，“牟”是天和太阳的意思，“托”有赐予、给予、奖赏之意，“牟托”便是“天官赐福”之意。牟托羌寨历史文化悠久，寨内至今仍保存着清朝道光年间土司的公德碑及村规民约，战国时的石棺葬文物220件，古老的羌族村寨遗址、土司官寨等。羌寨环境幽美，四周依山傍水，岷江河穿西而过，有天然溶洞，天然瀑布群多处，果树成荫，小桥泉水穿门而过。古朴凝重、高耸入云的羌碉，婉转悠扬的羌笛，色彩绚丽的羌绣，热情奔放的羌族莎朗舞，醇香甘洌的青稞咂酒，无不显示出独特、浓郁的民族特点。

幸福牟托

水磨羌城

水磨羌城，位于四川省汶川县南部的岷江支流寿溪河畔的水磨古镇，东临都江堰，南倚青城山，西接卧龙大熊猫自然保护区，北靠映秀镇，

水磨古镇

是阿坝藏族羌族自治州的南大门。水磨早在商代就享有“长寿之乡”的美誉，时称“老人村”，后更名为“水磨”至今。“5·12”地震后，水磨古镇重建“禅寿老街”“寿西湖”“羌城”三大区，这里高山峡谷、湖光山色、古街林立、风情四溢，是汉族文化和少数民族文化的交融区，内地风情和藏羌文化交相辉映，西蜀人文和禅佛文化联袂绽放，具有“川西高原休闲胜地”“西羌文化名镇”之称。2010年，水磨羌城被全球人居环境论坛理事会和联合国人居署《全球最佳范例》杂志评为“全球灾后重建最佳范例”，被第三届世界文化旅游论坛组委会授予“中国精品文化旅游景区”称号。

北川羌城旅游区

北川羌城旅游区，国家5A级旅游景区，由北川老县城地震遗址、5·12汶川特大地震纪念馆、北川新县城巴拿恰、北川羌族民俗博物馆、吉娜羌寨等构成，总面积为6.01平方公里。其中北川老县城是当今世界保存最完整的地震遗址，是地震科研的珍贵标本。北川新县城作为“5·12”特大地震后唯一异地重建的县城，它的新生倾注了全国各族人民的心血，创造了人类建设史上的奇迹，被誉为抗震精神标志、城建工程标志和文化遗产标志，是一座传统与现代相交融、生态宜居、羌民族文化特色突出的国际旅游小镇。5·12汶川特大地震纪念馆，是国家级主题纪念馆，再现了全国人民齐心协力英勇抗击特大地震灾害这一波澜壮阔的历史进程，被中宣部列为全国第四批爱国主义教育基地。北川羌族民俗博物馆，集收藏、保护、展示和研究羌族民俗文化为一体，是继承和弘扬羌文化的重要窗口。吉娜羌寨是羌族传统文化保存最完整的村寨之一，被誉为“北川第一村”。北川羌城旅游区内川蜀风物与大爱文化交相辉映，青山绿水与禹羌风情相得益彰。

第十章
羌族代表人物

羌族历史悠久，名人辈出，古有中华始祖炎帝、治水英雄大禹王，也有一代枭雄姚兴、元昊等。羌山巍峨，岷水长流。这份山水养育了勤劳、善良、智慧的羌族儿女，与其他各族人民一起，共同缔造着伟大祖国的历史。

南宋宰相——谢方叔

谢方叔（？—1272），威州（今四川省理县东北）人，字德方，号渎山，南宋末大臣，是四川省阿坝藏族羌族自治州唯一被《宋史》列入人物传记，也是历史上独一无二的羌族宰相。1251年，宋理宗赵昀授予谢方叔知枢密院事兼参政知事，辅佐皇帝掌管军事机密、边防事务，与宰相同议朝政。接着宋理宗拜谢方叔为左宰相，同时授予枢密院最高长官——枢密使一职，负责大宋军国大事。谢方叔上任后一方面关心庶民百姓；另一方面不断与朝廷内乱权臣做斗争，但最后以彻底失败而告终，以自己坎坷的一生陪伴南宋王朝走完了最艰难困苦的岁月。

谢方叔

羌族将军——朱珀珍

朱珀珍（1651—1735），理番县木宅九子屯人（今四川省理县木卡乡九子寨人），是曾率兵六次奔赴台湾的羌族将军。朱珀珍自幼聪明伶俐，智勇双全。康熙十二年（1673），年仅22岁的朱珀珍得知吴三桂在云南反叛了清政府，他心如火急，立志要保卫国家的安宁，宁愿不要万贯家产，毅然投奔云南参加了清军。后来他成为一名战功赫赫的将军。“三藩”叛乱爆发之后，郑成功之子郑经乘机率部进攻福建等地区。康熙十九年（1680）朱珀珍等率部攻打台湾。后来朱珀珍与施琅等直取台湾，郑氏正式向清军递交了投降书，从此台湾属清政府统一管辖。当其年逾古稀之时，雍正皇帝亲赐宝刀下诏谕护送老将军回故里养老。

清代将领——杨遇春

杨遇春（1761—1837），四川省崇州市西门外白碾村人，字时斋。清代著名将领。其祖先来自甘肃仇池（今甘肃省成西县）。清乾隆四十五年（1780），以武举应召从军，因机智果断，善带兵治军，50年戎马生涯战功卓著，镇守西北长达10年。其间，平定受英国殖民主义者指使的新疆和卓复辟势力和张格尔分裂主义势力的叛乱，为维护祖国领土的统一和民族的团结立下了功勋。为嘉奖其功绩，清廷先后赐封“太子太保”“一等昭勇侯”等衔。后告老还乡，清道光皇帝赏赐园林一处。道光十七年（1837）某日，在家乡与故旧宴饮时猝然病故，朝廷谥“忠武”。为缅怀其爱国主义壮举和功绩，今四川省崇州市白塔湖辟有“杨侯岛”，塑有其石像。

羌族作家——超万

超万（1819—1885），号三吉，四川省汶川县雁门乡月里村人。著名作家。其出身于书香门第，曾高祖父均为当地名儒。天资聪颖，自幼熟读儒家诗书。博学能文，擅长书法，名重一时，平生创作了大量文章、著作及诗词歌赋，至民国末期尚存少量写本，惜毁于“文革”中。目前，主要在四川省雁门乡人民政府编《汶川县雁门乡概况》中收录有他的25篇诗歌，有《岁试蓉城醉后题壁》《自遣诗》《过街楼》《志别杨兄》等。另有《月里庙宇》《重建索桥外三圣宫庙宇碑序》等文存世。

红色土司——安登榜

安登榜（1895—1935），四川省松潘县镇坪甲竹寺人。其家族是明代嘉靖年间受封的羌族世袭土司，统辖南部的“六关

安登榜

十堡”以及白羊地区的三十二寨。1933年6月按世袭制继任甲竹寺长官司。国民党反动派为了统治和奴役羌民，便委任在羌人中享有威望的安登榜为伪松潘县第六区区长，企图通过他来敲诈、勒索和压迫羌族人民。在各阶层羌民的支持下，安登榜与伪县府相抗争，一次次触犯了反动派的利益，最后被县长以“不称其职”为由免职，遭到了伪县府的四处迫害和打击。1935年5月，红四方面军到达川西北羌族聚居区域。在此，红军严格执行党的民族政策，爱护羌族人民，努力争取和团结羌人中的上层人物，很多羌人志士“弃身锋刃端，名编壮士籍”，投身于革命队伍中。在了解党的民族政策后，安登榜毅然率众参加了红军，担任通司（翻译）、向导和前卫工作，成为羌族近代史上第一个率众参加红军的民族上层领袖人物。他主动宣传红军的主张，宣传党的民族政策，很多羌民很快消除了对红军的顾虑，积极帮助和支援红军，为红军筹粮、运粮，给红军带路。1935年6月，为了扩大红军队伍，加强革命力量，红军和羌民商定建立番民游击队，由安登榜任大队长。8月初，红军离开镇坪、镇江一带，踏上了通往毛儿盖的山路。番民游击队列入红军队伍，奉命北上，安登榜继续负责宣传和筹粮工作。有一次在筹粮的归途中，安登榜和随行的10多名红军战士不幸遭到敌人伏击，英勇牺牲。1986年被四川省人民政府追认为革命烈士。

羌族释比——余明海

余明海（1912—2006），四川省汶川县龙溪乡阿尔村人。四五岁就随着爷爷余永寿学习释比经文，16岁出师，开始参与主持羌族的各项重大仪式活动，成为嫡传第二十七代释比。17岁加入国民党，在当地任保长至1949年。1949年后，他积极参加并领导支前运输，守卫关卡，保卫大桥，缴匪平乱，曾任农民自卫队队长，并荣立三等功。1960年被扣上“反革命分子”帽子，直到

"文革"结束，其间受到迫害，身心备受折磨，之后回家务农。改革开放后他得到平反，开始活跃于古羌文化传承事业中，主持村寨里重大的宗教祭祀仪式，参与各级政府组织的古羌文化节，并配合多家高等院校和科研机构搜集记录释比经典，多次出席释比文化研究活动，培养释比文化传承人，并热心接受各大媒体和专家学者的访问和调研，为传承和弘扬羌族文化做出了突出贡献。2006年，汶川县龙溪乡阿尔村被立为"古羌释比文化传承基地"，而老释比余明海也被授予"古羌释比文化传承世家"和"古羌释比文化传承人"。2006年农历十月二十一日余明海因病逝世。

余明海

羌族红军——马福寿

马福寿（1915—1994），四川茂县三龙乡卡玉村人。13岁起，马福寿便以在家熬硝和外出帮人度日。1935年5月，红四方面军三十一军九十三师先遣队进驻卡玉村，马福寿参加了红军先遣队。红四方面军转进康北，马福寿所在部队担任大部队掩护任务。6月底随军北上，他所在的连担任收容队，经壤塘过草地，到达甘肃漳县、通渭过黄河。同月加入中国共产党。后随部队进驻陕西三原县，奉命援助西路军到达镇原等地。抗日战争时期，编入八路军一二九师三八六旅七七二团，从三原县赴山西抗日根据地，先后担任机枪班班长、排长、干训队长、警卫连长、指导员等职。1939年奉命在山西榆社县组建七县指挥部，任副指挥长、作战参谋，参加了百团大战。1941年在安泽县金家山战斗中负伤致残。转业后到山西武乡县工作。1957年调回四川茂县工作，曾任茂汶县长、县委书记、阿坝藏族自治州贫下中农协

马福寿

会副主席、州民委委员、政协阿坝藏族自治州第六届、第七届副主席等职。1994年4月23日病故，享年79岁。

科技界代表——杨正莘

杨正莘（1916—1960），四川省成都市人，字道耕，四川大学化学系毕业。曾任民都敬业中学、成都城市建设学校教师，汇通银行汉口分行经理。通晓英、德、俄、日文，曾译有《矽酸盐分析》（地质出版社出版）、《地球物理学概论》（科学出版社出版）等科技论文及书籍。

羌族红军——何雨农

何雨农（1920—1996），四川茂县凤仪镇水西村人。1935年5月，红四方面军长征到茂县，他参加了红军。1937年4月加入中国共产党。历任红四方面军第三十一军九十三师师部测绘班长、团侦察参谋等。1937年后，任八路军第一二九师司令部参谋、太行军区团参谋长、豫北前线指挥官、中国人民解放军第二野战军10纵队团长、中国人民解放军第十八军副参谋长兼后勤司令部参谋长等职。中华人民共和国成立后，历任中国人民解放军西南军区支援司令部参谋长、西藏军区后方勤务部部长、中国人民解放军高等军事学院院务部副部长，北京市人大常委会副秘书长兼办公厅主任，中国人民解放军成都军区后勤部副部长等。1983年4月当选四川省六届人大代表、人大常委会常委、民族委员会委员。

何雨农

何雨农戎马一生，历经长征和抗日战争、解放战争。1955年5月，被授予陆军大校军衔。获中华人民共和国三级八一勋章、二级独立自由勋章、二级解放勋章。1988年7月获二级红星功勋荣誉章。离休后，积极参加社会活动，历任西南民族学院特邀辅导员、四川大禹研究会名誉会长等职。

羌族头人——王泰昌

王泰昌（1922—2013），四川省茂汶（今茂县）人，毕业于国民党中央军校（黄埔军校）高等教育班第十三期、十四期，曾任茂县曲谷乡乡长、国民党政府陆军新编第二师第二团团长，少将军衔。新中国成立前，大头人王泰昌的属地包括今汶川、理县、茂县、北川、青川所属的羌族聚居地，在羌人中具有极高的威望和影响。新中国成立后，王泰昌历任茂汶县赤不苏区副区长，阿坝藏族自治州政协副秘书长、副主席，阿坝藏族羌族自治州人大常委会副主任，四川省政协常委等职。第六届、七届、八届、九届全国政协委员。20世纪50年代初，王泰昌捐献黄金几百两和由50匹马驮的白银给政府。他曾经受到过毛泽东、周恩来、朱德等领导人接见，被周恩来称为“少数民族开明上层人士”。

王泰昌

党政代表——周礼成

周礼成（1939—2007），四川省理县人。1960年加入中国共产党。1956年至1958年在理县任乡文书、组织部干事。1959年至1963年在四川红原县任组织部干事、共青团县委副书记。1963年至1970年任中共四川省红原县区委书记、县委副书记，瓦切牧场革命委员会副主任、党政核心小组组长。1970年至1972年任四川省茂汶羌族自治县革命委员会副主任。1972年起历任四川省阿

周礼成

坝藏族自治州州委常委、州农林部部长、州委书记处书记、州委副书记、副州长等职。1985年起历任四川省民委副主任、四川省委民族工作委员会委员、四川省人民代表大会常务委员会委员、四川省人民代表大会民族宗教委员会副主任、四川省民族法学研究会会长、四川中国西部发展与研究学会副会长等职。任第八届全国政协委员、四川省羌族拼音文字创制领导小组副组长。主编《民族立法的理论与实践》《四川省散杂居少数民族工作基本资料》等。他长期从事民族工作，参与领导并主持了民族地区的发展和研究事业，为四川各少数民族办了许多实事，受到当地群众的尊敬。特别是按照四川省委、省人大、省政府和国家民委的安排部署，他负责四川省羌族拼音文字创制领导小组日常工作，牵头组织领导创制的《羌族拼音文字方案》获得省政府、国家民委批准并在羌族地区推行，获得国内外专家高度评价，为贯彻落实党的民族语言文字政策和羌族语言文化的保护、传承与发展做出了历史性贡献。

党政代表——王廷杰

王廷杰

王廷杰（1940—2000），四川省茂县人。1959年加入中国共产党。1956年至1980年曾先后在茂县沙坝区洼地乡、阿坝藏族自治州文教处、黑水县等地工作，历任黑水县县委书记、县革命委员会主任等职。1980年起历任阿坝藏族自治州副州长、州委副书记、州人民代表大会常委会主任、四川省第八届人民代表大会民族宗教委员会副主任委员、四川省第九届人民代表大会常委会委员等职。2000年5月10日前往松潘县检查指导工作，乘车行至茂县渭门乡境内时，突遇山体滑坡，不幸以身殉职。

羌族羊皮鼓舞
传承人——朱金龙

朱金龙，1954年出生，四川省汶川县龙溪乡阿尔村人。羌族羊皮鼓舞国家级代表性传承人。自1969年开始跟随岳父余明海学习羌族释比经典以及祭祀舞蹈羊皮鼓舞，属亲族传承。通过刻苦地学习钻研，已熟练掌握羊皮鼓舞的全套动作组合，特别是以腿部动律变化的力度和速度，将“小腿划圈跳击鼓”“蹲步跳推击鼓”“晃手击鼓”“商羊步跳击鼓”“磋步跳击鼓”等动作发挥得淋漓尽致，在随着紧凑的鼓点节奏中自然地显现出与神灵对话、自然崇拜、祈福保佑的意境。

朱金龙

羌族传统音乐
传承人——郎加木

郎加木，1954年出生，四川省松潘县小姓乡埃溪村人。羌族多声部民歌国家级代表性传承人。15岁师从雷磋学习羌族多声部民歌，属师徒传承。1982年起独立演唱，已掌握羌族多声部近百首，掌握多声部民歌的四、五度及大二度音程，纵向结合的

郎加木

羌族多声部民歌演唱技巧，以及我国其他地区少见的大幅度慢速颤音唱法（以二声部为主）。代表作有《哈拉哈依》《萨姆》《毕曼》《尼萨》等。

英雄烈士——邱光华

邱光华（1957—2008），四川省茂县人。中国人民解放军成都军区某陆航团副师职飞行员、机长。1974年4月加入中国人民解放军，1976年6月加入中国共产党，大校军衔，是1974年周总理挑选的第一批少数民族飞行员。入伍34年来，邱光华同志忠诚使命，恪尽职守，长期坚守在飞行第一线，出色完成了开辟川藏青藏航线、国防科研试验、抢险救灾等重大任务，先后荣立二等功2次、三等功4次。2008年5月12日汶川特大地震发生后，邱光华积极请战参加抗震救灾，主动承担急难险重飞行任务，在气候复杂多变、通信联络不畅的情况下，冒着生命危险，频繁执行汶川、北川、茂县等重灾区的飞行任务，先后飞行63架次，运送救灾物资25.8吨，输送救灾人员87人，转移受灾群众234人，为抗震救灾做出了突出贡献。2008年5月31日，邱光华率机组执行运送受伤群众任务，因高山峡谷局部气候瞬时变化，突遇低云大雾和强气流撞山失事，与机组成员一起不幸遇难，以身殉职。中华人民共和国中央军事委员会主席胡锦涛2008年6月14日签署通令，给邱光华同志追记一等功。2009年9月14日，他被评为100位新中国成立以来感动中国人物之一。

邱光华 ▶

参考文献

著作

1.《阿坝藏族羌族自治州概况》编写组. 阿坝藏族羌族自治州概况（修订本）. 北京：民族出版社，2009

2.《北川羌族自治县概况》编写组. 北川羌族自治县概况（修订本）. 北京：民族出版社，2009

3. 陈炳应，卢冬. 古代民族. 兰州：敦煌文艺出版社，2003

4. 崔永红，张得祖，杜常顺. 青海通史. 西宁：青海人民出版社，1999

5. 段丽波. 中国西南氐羌民族源流史. 北京：人民出版社，2011

6. 冯骥才. 羌族口头遗产集成. 北京：中国文联出版社，2009

7. 耿少将. 羌族通史. 上海：上海人民出版社，2010

8. 黄布凡，周发成. 羌语研究. 成都：四川出版集团·四川人民出版社，2006

9. 贾银忠. 中国羌族非物质文化遗产概论. 北京：民族出版社，2010

10. 焦虎三. 羊皮书——中国羌族的历史与文化. 桂林：广西师范大学出版社，2013

11. 金星华. 中国民族语文工作. 北京：民族出版社，2005

12. 林忠亮，王康. 羌族文学史. 成都：四川民族出版社，1994

13.《理县志》编纂委员会. 理县志. 成都：四川民族出版社，1997

14. 钱安靖. 中国各民族原始宗教资料集成：羌族卷. 北京：中国社会科学出版社，2000

15.《羌族词典》编委会. 羌族词典. 成都：巴蜀书社，2004

16.《羌族简史》编写组. 羌族简史（修订本）. 北京：民族出版社，2008

17. 石硕. 藏彝走廊：文明起源与民族源流. 成都：四川出版集团·四川人民出版社，2009

18. 四川省阿坝藏族羌族自治州汶川县志编委会. 汶川县志（1986–2000）. 成都：巴蜀书社，2007

19. 童恩正. 古代的巴蜀. 成都：四川人民出版社，1979

20. 杨建新. 中国西北少数民族史. 北京：民族出版社，2003

21. 雍继荣. 中华文化通志：羌族文化志. 上海：上海人民出版社，1998

22. 张曦，黄成龙．中国羌族．银川：宁夏人民出版社，2011

23. 张曦．持颠扶危——羌族文化灾后重建省思．北京：中央民族大学出版社，2009

24. 赵曦．神圣与亲和——中国羌族释比文化调查研究．北京：民族出版社，2010

25. 钟茂兰，范欣，范朴．羌族服饰与羌族刺绣．北京：中国纺织出版社，2012

26. 《中国少数民族社会历史调查资料丛刊》修订编辑委员会编．羌族社会历史调查（修订本）．北京：民族出版社，2009

27. 周锡银，李绍明，冉光荣．羌族史．成都：四川人民出版社，1985

论文

1. 陈安强，陈学志，王小琴．作为族群文化交融互动的线性文化遗产——以中国西部松茂茶马古道为例．前言，2011（07）

2. 程玲俐，张善云，吴铀生，侯燕．羌族医药的生存状况及发展前景分析．民族学刊，2012（05）

3. 邓宏烈．羌族的宗教信仰与“释比”考．贵州民族研究，2005（04）

4. 李吉和．秦汉时期羌族的内徙与经济社会的变迁．中南民族大学学报：人文社会科学版，2003（02）

5. 任浩．羌族建筑与村寨．建筑学报，2006（8）

6. 王钰．羌族传统体育活动推杆的挖掘与整理研究．成都：成都体育学院硕士研究生学位论文，2014

7. 于春．坚固的理由——理县桃坪乡碉楼和碉房调查．中国文化遗产，2008（04）

8. 周锡银．辛亥革命时期四川松茂各族人民的反清起义．思想战线，1986

网络

1. 阿坝藏族羌族自治州政府网

2. 北川羌族自治县政府网

3. 中国茂县政府网

4. 中国羌岷网

5. 中国羌族网

6. 中国羌族文化信息网

7. 中国汶川政府网

图片提供者

（按姓氏音序排列）

（美）西德尼·戴维·甘博
第 36 页
第 40 页
第 57 页（上）
第 68 页（两幅）
（英）爱尔勒斯特·亨利·威尔逊
第 37 页
第 48 页
第 69 页
第 146 页
阿坝文化网
第 12 页（上）
阿坝新闻网
第 109 页
北川羌族民俗博物馆
第 50 页
第 51 页
光明网
第 141 页
国际在线
第 16 页（左）
何国良
第 171 页（上）
佳能中国网
第 148 页
第 153 页（上）
第 157 页（下）
第 158 页（两幅）
廖世龙
第 175 页（上）
凌宏
第 175 页（下）
路易·纳爱德
第 67 页
罗吉华
第 15 页（上）
第 31 页
第 45 页
第 57 页（下）
第 58 页
第 59 页（两幅）
第 60 页（两幅）
第 61 页（上）
第 62 页（三幅）
第 63 页（三幅）
第 66 页
第 73 页
第 80 页
第 81 页（下两幅）
第 83 页（右）
第 85 页（下）
第 86 页（上）
第 87 页（三幅）
第 88 页（中下两幅）
第 89 页（上三幅）
第 90 页（上中两幅）
第 91 页（两幅）
第 92 页（上中两幅）
第 94 页（下）
第 95 页（下）
第 96 页（下）
第 101 页
第 102 页（两幅）
第 103 页（三幅）
第 104 页（两幅）
第 120 页
第 121 页（两幅）
第 123 页（下）
第 126 页（四幅）
第 127 页（三幅）
第 128 页（两幅）
第 129 页（上）
第 131 页
第 132 页（两幅）
第 136 页（下）
第 142 页（上）
第 152 页（上）
第 160 页（两幅）
第 161 页（两幅）
第 169 页
第 170 页（下）
第 181 页
第 183 页
茂县文化局
第 138 页
第 159 页
茂县中国羌族博物馆
第 17 页（下）
第 45 页
民族文化宫博物馆
第 83 页（上左两幅）
莫定有
第 172 页（下）
戎木子
第 170 页（上）
第 174 页（上）
蜀龙网
第 43 页
四川画报
第 74 页（上）
第 76 页
孙宏开
第 142 页
网络
第 13 页（上）
第 14 页
第 15 页（下）
第 16 页（右）
第 17 页(上)
第 18 页
第 19 页
第 26 页（两幅）
第 28 页
第 29 页
第 30 页
第 39 页
第 52 页
第 53 页
第 64 页
第 65 页
第 69 页
第 79 页（下）
第 94 页（上）
第 110 页
第 129 页（下）
第 153 页（下）
第 164 页
第 165 页（上）
第 166 页
第 182 页（两幅）
第 184 页（两幅）
第 185 页
第 186 页
第 187 页（上）
第 188 页
第 190 页
第 192 页
第 194 页
第 195 页（两幅）
第 196 页
第 197 页
第 199 页
第 200 页
汶川博物馆
第 38 页
第 42 页（三幅）
第 47 页
第 49 页
汶川网
第 180 页（下）
吴传明
第 171 页（下）
西夏王陵网
第 33 页
肖青
第 167 页（下）
新华网
第 151 页（下）
第 156 页
第 167 页（上）
新浪网
第 13 页（下）
徐平
第 165 页（下）
雍继荣
第 97 页
第 140 页
余德军
第 63 页（中）
第 74 页（下）
第 81 页（上）
第 84 页（上）
第 92 页（下）
第 96 页（上）
第 111 页
第 133 页
第 173 页
第 174 页（下）
余明
第 56 页
第 58 页
第 61 页（下）
第 72 页
第 75 页
第 77 页
第 85 页（上）
第 89 页（下）
第 90 页（下）
第 95 页（上）
第 113 页
第 115 页
第 123 页（上）
第 145 页
第 147 页
第 148 页（上）
第 150 页（下）
余耀明
第 12 页（下）
第 82 页
第 84 页（下）
第 86 页（下）
第 94 页（中）
第 105 页
第 106 页
第 107 页
第 122 页
第 124 页
第 125 页（三幅）
第 127 页（下）
第 134 页
第 135 页
第 150 页（上）

第151页（上中）
第154页
第157页（上）

余正国
第78页
第79页（上）
第83页（下）
第88页（上）
第98页
第99页（两幅）
第100页（两幅）
第108页（两幅）
第130页
第136页（上）

张丹波
第32页
第44页

中国国家博物馆网站
第24页
第25页

中国茂县网
第178页（两幅）
第179页
第180页(上)

中国羌族网
第112页
第114页
第116页（两幅）

中国网
第152页（下）

中新网
第155页（两幅）
第172页（上）

周发成
第198页

后记

依然想说的是，羌族是一个历史悠久的民族，羌族也是一个饱经忧患的民族。2008年的大地震，使“羌族”和“灾难”这两个词以一种惊天动地的方式联系在一起。实际上，羌族存活至今，从来也没有摆脱过“灾难”，经历过无数次的战乱、迁徙，从驰骋在甘青高原到行走于川西北山地，从草原游牧到山地农耕，从强大得要统治一方到弱小得只据一隅，羌人的生活一代代改变，羌人的文化历经无数变迁。

走近羌族，走近羌人的历史和文化，走近羌人的生活和思想。然而其厚重与精深，即使对于生于羌家、长于羌乡的编著者，也是深不可识，只好强为之容，窥其一角，描其表面，述其片段。不得不说的是，在经济全球化、世界一体化程度日渐加深的时代，在后现代主义浪潮的冲击下，许多传统文化形式失去了继续发展的社会基础，羌族文化亦是如此。在流逝的岁月里，很多羌族传统是在某些偏僻的村庄和不知名的角落苦苦支撑，一些历史上的文化创造辗转流轶，一些历经数辈传承的技艺濒临失传。传统和现代，有时候竟让人感到如此矛盾。如何在继承中发展，如何能让羌族文化在新的时代里绽放出新的美丽。一直以来，羌人们都在努力寻找方向和答案。羌族先辈们践义成行，以启山林。如今，我们更应承继其志，燃灯前行。

本稿在行文中，多有借鉴前贤智慧，引用、参考了诸多专家、学者的研究成果，使用了多位朋友提供的图片，在此一并表示感谢！还要感谢辽宁民族出版社编辑金顺玉老师的辛苦编辑！此外，本书中羌族代表人物限于丛书体例的名额要求，只收录了15名做一简略介绍，许多具有突出成就、对于羌文化传承和发展有重要贡献的羌族代表未能收录其中，实乃遗憾。由于编著者水平有限，文中必然有着诸多不足和疏漏，恳请大家批评并予以指导。

仅以此书献给深爱的羌乡和羌族同胞，祝愿父老乡亲日子红火，祝愿家乡越来越好，祝愿祖国繁荣昌盛！

罗吉华

2014年9月